MOMENTUM

모멘텀 (Momentum)

초판 1쇄 인쇄 2016년 03월 30일
초판 1쇄 발행 2016년 04월 06일

지은이 황상열
펴낸이 김양수
편집·디자인 곽세진 교정 장하나

펴낸곳 휴앤스토리 출판등록 제2016-000014호
주소 경기도 고양시 일산서구 중앙로 1456(주엽동) 서현프라자 604호
대표전화 031.906.5006 팩스 031.906.5079
이메일 okbook1234@naver.com 홈페이지 www.booksam.co.kr

ISBN 979-11-957230-8-9 (03190)

*이 책의 국립중앙도서관 출판시도서목록은 서지정보유통지원시스템 홈페이지(http://seoji.nl.go.kr)와 국가자료공동목록시스템(http://www.nl.go.kr/kolisnet)에서 이용하실 수 있습니다. (CIP제어번호 : CIP2016008427)
*이 책은 저작권법에 의해 보호를 받는 저작물이므로 무단전재와 무단복제를 금지하며, 이 책 내용의 전부 또는 일부를 이용하려면 반드시 저작권자와 도서출판 맑은샘의 서면동의를 받아야 합니다.
*파손된 책은 구입처에서 교환해 드립니다. *책값은 뒤표지에 있습니다.

CONTENTS

prologue

Chapter 1 흔들리는 2535! 왜 모멘텀이 필요할까?

- **1-1.** 찬란했던 2535, 흔들리고 있다 15
- **1-2.** 2535, 그들은 누구고 무엇이 문제일까? 21
- **1-3.** 그냥 목표, 꿈 없이 열심히만 살면 되는 줄 알았다 27
- **1-4.** 2535, 지금 무엇을 생각하고 있는가? 33
- **1-5.** 대체 모멘텀이 뭐야? 38
- **1-6.** 무조건 힐링이 최선인가? 자기만의 모멘텀이 필요할 때다 44

Chapter 2 2535! 인생의 순간순간이 모멘텀의 연속이다

- **2-1.** 지금 당장 시작해도 늦은 건 아니다 53
- **2-2.** 세상에 나쁜 모멘텀은 없고, 그 안에도 희망은 있다 59
- **2-3.** 경치가 바뀌면 길을 찾을 수 있다 65
- **2-4.** 시도하지 않으면 아무것도 이루어질 수 없다 71
- **2-5.** 인생을 보는 관점을 바꾸면 돌파구가 보인다 77
- **2-6.** 방황해도 괜찮아, 지금 다시 찾아가는 중이야! 83

Chapter 3 2535! 자신만의 모멘텀을 찾아라

3-1. 질풍노도를 멈추게 한 '책 읽기' 91
3-2. 1m만! 조금만 더 해보자 97
3-3. 여행! 어디로든 떠나보자! 103
3-4. 중독(술, 게임, 도박 등) No! 좋은 취미 Yes! 109
3-5. 진정으로 하고 싶은 것을 적고 바로 움직여라! 115
3-6. 명상, 기도를 통한 마음을 비워라! (부제 : 감정 다스리기) 121

Chapter 4 2535! 모멘텀을 찾은 후 해야 할 10가지

4-1. '과거'에 먹이를 주지 마라 129
4-2. 저축보단 자기계발, 배움에 투자하자 133
4-3. 인간관계는 억지로 맞추지 말자 137
4-4. 상대방에게 진심을 다해 귀를 열자 141
4-5. 부정적인 사람과는 교류하지 말자 145
4-6. 심플하고 담백하게 살도록 노력하자 150
4-7. 지금 당신의 나이를 사랑하라 155
4-8. 눈앞에 보이는 것만 신경 쓰자 160
4-9. 상황이 힘들수록 더욱 많이 웃어라 164
4-10. 뒷담화 대신 감사하는 마음을 갖자 168

Chapter 5 2535! 자기 자신이 바뀌지 않으면 기회는 없다

5-1. 정상적인 직진이 아닌 과감한 역발상을 해보자 175
5-2. 무조건 실행해보고 도전해보자 181
5-3. 학교에서 우등생? 사회에서 우등생이 진짜다 187
5-4. 나를 되돌아보는 시간을 가져보자 193
5-5. 평범한 사람은 재능보다 노력, 끈기밖에 없다 199
5-6. 버티는 자가 강한 사람이다 205

Chapter 6 모멘텀을 찾아 멋진 인생을 이끌어가는 사람들

6-1. 꿈은 쓰레기통에서도 자란다 _카디자 윌리엄스 213
6-2. 그럼에도 불구하고 인생은 멋지다! _릭 앨런 217
6-3. 살아있는 한 희망은 있다! _마르틴 그레이 221
6-4. 내 장애는 인생의 축복이었다 _강영우 박사 226
6-5. 무조건 부딪혀라! _광고천재 이제석 231
6-6. 인생을 서빙하는 청년! _인생 서버 이효찬 236

Prologue

2535여! 지금이 힘들지라도 자신만의 모멘텀을 찾아 인생을 주도적으로 나아가야 한다.

지금 나의 2535 시절을 되돌아보면 추억도 있지만 착잡하기만 하다. 매번 생각만 하다 결정이 늦어서 일 처리는 엉성하고 능력은 비루하여 취업, 연애, 습관이든 뭐든 몇 번씩의 실패를 거듭했다. 남들보다 나은 구석은 눈 씻고도 찾아볼 수 없어 실패할 때마다 무기력해지고 방황하면서 자신감이 바닥을 쳤다. 그러다 보니 회사에 취직하여도 그런대로 일은 하지만 퇴근·야근 후 매일같이 친구들과 스트레스를 풀고 신세 한탄이나 하면서 술이나 퍼마시는 날의 반복이었다. 퇴근 후 책을 읽거나 내 인생에 대해 깊이 고민해 보는 시간도 없이 무기력하게 술에 취해 곯아 떨어지기 일쑤였다. 딱히 미래에 대한 비전이나 목표도 없었고, 우선 매일 코앞에 닥친 업무만 처리하면서 남는 시간에 술과 친구 등과 놀기 바빴다. 매사에 고민도 없고 이만큼이면 괜찮겠지 하는 무사안일주의로 일관했다. 그러다 몇 번의 이직 후 2012년 직장생활 8년 차에 이런 나쁜 습관과 좋지 않은 경제상황 등이 겹쳐서 결국 한 회사에서 구조조정까지 당하게 되었다. 그때 나이가 35살이었다. 그전까진 내가 그래도 남보다 뛰어난 구석이 있는 줄 알았으나, 딱 그 나이에 내가 평범한 사람이다 못해 길가에 발길질에 차이는 작은 돌멩이에 불과하다는 사실을 깨닫고는 굉장한 충격을 받았다. 그러다 문득 더는 이렇게 살아서는 안 되겠다 싶어 자기계발서 독서를 통한 자기 성찰과 의식변화를 위한 노력을 시작하였다. 어떤 분야든 문제가 생기면 직접 부딪히고 경험하여 그것이 실패든 성공이든 내 나름대로 작은 성과가 나는 것을 보았다. 이게 내 인생을 다시 돌아보게 된 계기, 즉 나의 모멘텀으로 삼기 시작했다. 살다 보면 나처럼 평범하지만, 어느 순간 삶의 방식을 되돌아보는 순간이 반드시 한두 번은 온다고 한다.

지금 2535는 인생 전체로 볼 때 젊은이에 해당하는 나이다. 현재 우리나라 경제상황은 좋지 않아 우리 같은 2535세대는 아무리 노력해도 취업과 이직 등이 쉽지 않은 상황이다. 또 5포 세대라는 말인 나올 정도로 취업을 포함한 결혼, 출산, 인간관계, 내 집 마련을 포기하면서 열심히 살아가지만 나아지는 건 없다. 세상은 점점 갈수록 팍팍하고 살기가 힘들어진다. 물론 다 힘든 상황은 아닐 거라 보지만, 지금 이대로의 삶에 의문을 느껴 무언가를 바꾸어 보겠다고 생각만 한다. 계속 생각만 할 것인가? 생각만 하다가 시간이 지나게 되면 더욱 상황이 좋지 않게 될 수도 있다. 나도 35살까지 하고 싶은 게 있거나 해야 할 일이 생겨도 용기도 없어서 생각만 하다 놓치는 일들이 많았다. 38살이 된 지금도 사실 이루어 놓은 것은 많지 않으나, 2535시절 보단 어떻게든 부딪히고 도전해 보면서 인생을 조금씩 변화시키고 있다고 생각한다. 나는 현 2535세대가 처해있는 문제를 같이 우선 공감하고자 한다. 나도 똑같은 고민을 하면서 2535시절을 보냈기 때문이다. 그러고 나서 내가 이루어낸 작은 성과들을 이야기하면서 실패하더라도 무엇이든 저지르고 경험하여 조금이나마 인생을 바꿀 방법이 무엇인지 소개해보고자 한다.

현재 CEO나 어떤 분야에서 성공했다고 하는 사람들은 2535까진 대부분이 시행착오를 거듭하는 실수투성이이었다. 학교도 제대로 나오지 못했으나 자기만의 모멘텀을 찾고 자신이 원하는 것이 무엇인지 몸으로 부딪혀가며 노력하고, 모멘텀을 찾은 이후 진정한 성취로 이끌기 위해 탁월한 전략들을 세우고 그것들을 하나하나 실천해 나갔다. 그리고 마침내 자신만의 인생이란 배에 순풍에 돛을 단 듯 항해하고 있다.

그들은 2535 전까지 지금까지의 규범대로 배우지만, 이후에는 자기 자신이 스스로 알아서 배우고, 깨우치고, 실행하지 않으면 그 누구도 도와주지 않아 혼자 헤매고 당황하고 실패하게 된다고 이야기한다. 그럴 때 올바르게 헤쳐나가기 위해선 자기만의 모멘텀이 있어야 이

후 자기 인생이란 배를 올바르게 헤쳐나갈 수 있다고 조언한다.

영국의 버나드 쇼는 "삶이란 자신을 찾는 것이 아니라 자신을 창조하는 과정이다."라고 하나, 정확하게 삶은 자기 자신에 대해서가 찾는 게 아니라 자신이 가지고 있는 인생에 대한 모멘텀을 찾아 앞으로 인생에 대한 모든 것을 창조하고 만들어가는 의미라고 생각한다. 세상에 나가 2535들이 자신이 쓸모 있다는 것을 펼쳐 보이기 위해 자신만의 모멘텀을 찾아서 그것으로 항상 공부하고 변화하며 성장할 수 있도록 해야 한다.

한 번 사는 삶이니까, 2535 모두가 무슨 일이든 초보일 수밖에 없으니 좌충우돌, 시행착오가 많을 수밖에 없다. 이렇게라도 부딪혀야 내가 무엇이 잘못되었는지, 앞으로 어떻게 살아야 하는지 조금씩 보인다. 자기만의 모멘텀을 찾기 위해선 절실해야 하고, 행동에 옮겨야 한다. 나도 지금까지 생각만으로 '성공하고 싶다!', '내 인생에 해 뜰 날을 올까?' 생각만 하고 계획 없이 대충 살다 보니 결국 2535시절에 지독한 고통과 실패를 경험해야 했다.

이 책을 통해 내가 겪었던 생생한 실패담을 통하고 내가 찾았던 모멘텀으로 지금보다 나은 삶의 대안을 전하면서 그래도 아직 젊기에 당신 2535들은 조금이라도 많이 저지르고 경험하여 실패를 두려워하지 않는 용기로 인생을 살아갔으면 한다. 아직도 핑계와 변명만 생각하고 힘든 상황만 탓하고 있을 건가? 지금부터라도 무엇이든 부딪히고 경험하고 실패도 해보면서 자기만의 인생공식을 찾길 바란다. 당신도 이렇게 천성이 타고나서 바꾸려고 노력하고 싶어도 어쩔 수 없다, 안된다고 변명하지 마라. 자기 자신이 마음먹고 달라져야 주변 상황도 달리 보일 수 있어 자신만의 모멘텀을 찾을 수 있다. 여러분처럼 필자도 아직 성공하기 위해 노력 중인 평범한 사람이다. 지금 이 힘든 시기를 겪고 있는 모든 2535들에게 자신만의 모멘텀을 찾아서 자기 인생이란 배를 조금 더 나은 방향으로 같이 항해할 수 있는 작은 길잡이가 되었으면 하는 바람이다.

저자 황상열

Chapter 1

흔들리는 2535!
왜 모멘텀이 필요할까?

찬란했던 2535, 흔들리고 있다
2535, 그들은 누구고 무엇이 문제일까?
그냥 목표, 꿈 없이 열심히만 살면 되는 줄 알았다
2535, 지금 무엇을 생각하고 있는가?
대체 모멘텀이 뭐야?
무조건 힐링이 최선인가? 자기만의 모멘텀이 필요할 때다

\

\

지금 읽고 있는 독자들도 현재 상처를 받고 많이 아파 힐링받고 싶은가?
본인이 상처받고 힘든 일을 겪고 있다면
치유를 받아 다시 회복할 수 있는 계기가 되는 건 좋다고 본다.

1-1

/

찬란했던 2535, 흔들리고 있다

/

1997년 초 20살이 된 나는 지난 힘든 고3 시절을 지나 어릴 때부터 꿈에 그리던 대학생이 되었다. 대학에 들어가면 나는 당장 하고 싶은 일이 너무 많았다. 매일 계속되는 술자리, 미팅, 수업, 시험 등 처음 접해보는 대학생활이 신기하여 아무 생각 없이 정말 미친 듯이 1년을 보냈다. 그러나 그 해 연말 우리나라에 IMF 경제위기가 터지면서 경제위기로 인하여 대기업에 잘 다니시던 아버지도 40대 후반 나이에 명예퇴직으로 일자리를 잃게 되셨다. 온 나라가 휘청거렸고, 가진 것이 없었던 서민이나 중산층은 결국 무너졌다. 이 결과로 나와 내 주변 친구들은 불안한 경제위기와 사회상황에 하고 싶은 꿈, 이상, 목표는 포기할 수밖에 없었다. 대부분 시간을 벌기 위해 도피성 군대로의 입대가 유행을 이루었다. 나도 이 시기에 경제적으로 힘들어하는 부모님께 너무 죄송스러워서 2학년을 마치고 군대에 입대하였다. 그래도 아버지께서는 입대 이후 내 대학 등록금을 벌기 위해서 뭐든지 하시려고 힘든 일자리도 마다치 않으셨다. IMF 경제위기는 2000년까지 계속 장기화하여 우리나라 경제 발전을 후퇴시켰다. 이후 범국민적인 '금 모으기 운동' 등 각고의 노력 끝에 위기는 벗어났지만 체감하는 실제 경기는 실감하기 어려웠다.

IMF 사태가 지나고 2002년 25살이 되던 나는 군대 제대 후 대학에 복학했다. 조금씩 경제상황은 호전되고 있으나, 예전 신입생 시절과는 달리 대학 전체가 어디라도 취업은 꼭 해야 한다는 살벌한 분위기로 바뀌었다. 물론 복학생 신분이니 공부를 열심히 하는 게 당연했지만, 예전 캠퍼스 분위기와는 다르게 동기, 선·후배들 모두가 오로지 취업만을 생각하였다. 불확실한 미래에 어쩔 수 없는 사회현상이었다. 그래서 나도 어려운 집안 사정을 빨리 돕고자 오로지 어디든 취업하는 것만이 목표가 되어 버렸다. 그렇게 나의 20대 중후반 시절은 IMF 시절과 맞물려 불안하고 불확실한 사회에서 살아가고 있었다.

사회생활 5년 차가 되던 2008년 터진 미국의 "서브프라임 모기지 사태"*로 전 세계 경제가 어려워지게 되었고, 우리나라도 다시 한번 경제위기를 겪고 있다. 나는 이 시기가 30대 초반으로 작은 엔지니어링 회사에 일을 하면서 사회생활을 하고 있었다. 서브프라임 사태 이전에는 건설경기도 나쁘지 않아 먹고 살아가는 데 지장이 없었으나, 사태 이후에 건설경기도 덩달아 나빠지면서 회사 내 일거리가 점점 줄어들기 시작했다. 기존에 하던 일만 하고 신규로 수주하는 일이 줄어들다 보니 회사상황도 점점 나빠졌다. 월급이 밀리거나 설상가상으로 기존 일도 꼬여서 수금도 잘 안 되었다. 같은 일을 하는 주변에 있는 친구들도 상황은 좋지 않아 만나면 하는 인사가 "먹고살 만하니? 급여는 밀리지 않니?" 라는 자연스럽게 나올 정도였다. IMF 사태와 미국 서브프라임 사태를 거치면서 부익부 빈익빈 현상은 날이 갈수록 심해지고, 평생직장의 개념이 사라졌다. 기업들은 너도나도 긴축경영을 추진하고 종종 임금삭감, 구조조정 등이 빈번하게 이루어졌다.

나의 2535 시절은 IMF 위기와 미국 서브프라임 사태를 직접 경험했던 시기였다. 크게 부유하지 않았지만 그래도 부족함 없이 살아와서 돈에 대한 걱정은 그다지 하지 않았다. 하지만 이 시기를 거치면서 나의 2535 시절은 현실적으로 변화하면서 돈에 대한 걱정으로 매일매

---

* 서브프라임 모기지 (Sub-prime Mortgage)
  미국에서 신용등급이 낮은 저소득층을 대상으로 고금리로 주택마련 자금을 빌려 주는 비우량 주택담보대출. 연체율 상승으로 서브프라임 모기지에 투자한 펀드와 금융회사가 연쇄적으로 부도난 사태

일을 불안하게 살았다. 일은 하고 있으나 급여가 밀리는 현실에 실직까지 하면 어쩌나 하는 앞선 걱정으로 어떤 것에도 집중하지 못했다. 한 번도 일을 쉬어 본 적 없지만, 자의 반 타의 반에 의한 퇴직과 이직, 급여체납을 반복하다 보니 앞으로 미래에 대한 불안감과 걱정만 앞섰다. 이러다 보니 늘 돈에 대해 나쁜 생각이 늘 머릿속에 박혀 무엇을 하더라도 실패를 거듭하는 원인이 되었다.

이웃 나라 일본의 경우는 1960~1970년대에 걸쳐 경제 부흥을 통하여 오랜 기간 호황기를 누렸다. 이후 부동산 경기 침체 등으로 거품이 빠지면서 1990년 이후 "잃어버린 10년"을 겪으면서 현 2535세대 일본 청년들의 소득은 더 나빠졌다. 이 세대를 "취업 빙하기 세대", "잃어버린 세대"라는 말로 지칭했다. 또 취업이 되지 않아 먹고는 살아야 하니 아르바이트나 비정규직 사원으로 일해야 했다. 이 세대는 돈을 벌고 싶지만 정작 가진 돈은 없는 저주받은 세대라고 일본 사회에서도 큰 이슈가 되었다. 어떤 의미에서는 정말 가엾고 불쌍한 세대였다.

현 우리나라 2535 세대도 이런 상황과 무관하지 않다고 본다. 나와 비슷한 또래로 역시 같은 시기를 겪어오면서 많은 고통과 불안을 안고 살아왔을 것이다. 나름대로 노력하여 경제적으로 활동하고 있고, 부모님 세대와는 다르게 취향에 따라 문화, 취미 등을 즐겁게 영위하고 소비하는 세대이다. 또 엄청난 실력 및 열정도 넘쳐 자기 인생을 즐길 줄도 알지만 스스로 어떤 변화하고 싶은 욕구도 가지고 있다. 풍족하게 살아오다 보니 자기 인생을 즐겁게 영위할 수 있는 개인적인 욕구도 풍부하다. 또 인터넷을 통하여 새로운 시도도 많이 하고, 우리 기성세대와는 다르게 독창적이고 특이한 발상을 하여 사업에 접목하거나 실행에 옮길 수 있는 세대이기도 하다.

그러나 계속된 불황으로 비교적 즐겁고 안정적으로 생활하면서도 앞으로 미래에 대한 불안감을 걱정한다. 취업을 못 하고, 실직하며, 결혼도 못 하고 방황하는 세대이기도 하다. 취업, 결혼, 출산을 포기한 "3포 세대"가 등장하고, 심지어 인간관계, 내 집 마련까지 포기했다는 "5포 세대"라는 말이 유행할 정도가 되었으니 심각한 문제가 아닐 수 없다. 직장을 구하지 못하니 연애는 하지만 돈이 없어 결혼을 포기하게 된다. 결혼에 골인했다 하더라도 저임금과 불안한 고용상황 등에 따라 돈이 많이 들어가는 육아비용이 감당이 되지 않아 출산하지 않게 된다. 또 경제적으로 불안한 상태가 계속되다 보니 자신감 상실로 사람들 만나는 자리가 부담스러워 지게 된다. 치솟는 전셋값, 집값은 오르지 않은 월급으로 한 푼도 쓰지 않고 10년을 모아야 겨우 살 수 있다고 하는데, 이런 상황에서 내 집 마련은 정말 언감생심이다.

현재 이 책을 읽고 있는 독자는 어떤 상황에 있는가? 자기가 살아온 시기와 근래 몇 년을 되돌아 살펴보면 경제가 좋았다고 말할 수 있는가? 열심히 살았다고 생각했는데도 왜 자꾸 위축되고 불안하다는 생각이 계속 들지 않았는가?

   이 시기를 지나 39살이 된 지금의 나도 열심히 살아왔다고 자부하지만, 나이가 먹을수록 미래는 자꾸 더 불안해진다. 아직 다가오지 않은 것에 대해 설렘보다 두려움이 더 많다. 그래도 내 나름대로 인생에 대한 방향을 이제라도 조금씩 잡아서 가는 중이다.

   2016년을 사는 2535 세대는 나름대로 열심히 살고 있지만, 강가에 있는 갈대가 바람에 흔들리는 것처럼 현실이란 세찬 바람에 흔들리고 있다. 뜻하지 않은 경제침체와 불안한 사회상황이 찬란했던 2535 세대를 흔들고 있다.

.

이 시기는 앞으로 인생을 어떻게 살아갈 것인지에 대한
희망과 기대가 크다. 반대로 보이지 않는 미래가 불안하기도 하다.
이 시기를 어떻게 헤쳐 나아갈지,
또 자기만의 터닝포인트를 찾아 나만의 인생 레시피를 만들어야 할지
결단하고 고민해야 할 시간이다.

.

1-2

/

2535, 그들은 누구고 무엇이 문제일까?

/

　2535, 이 시기는 생 전체로 볼 때 누구나 가장 생기가 넘치고 젊음이 가득한 시절이다. 현재 우리나라의 평균수명은 2015년 현재 81.3세로 해마다 길어지고 있다. 조만간 평균 수명 100세 시대로 접어들 가능성이 있다. 본인의 인생을 80년으로 본다면 2535 이 시기는 아직 살 날이 45~55년 정도 남아 있는 것이다.

　히사쓰네 게이이치의 〈서른 이후, 어떻게 살 것인가〉에서 인생 전체를 7단계로 나누었다.

　소년기 0~23세, 청년기 24~47세, 장년기 48~63세, 실년기(노년기) 64~79세, 숙년기 80~95세, 대인기 96~111세, 선인기 112세 이상으로 구분하고 있다. 다시 각 시기를 전기, 중기, 후기로 나누고 있다. 청년기는 24~31세를 초기, 32~39세를 중기, 40~47세를 후기로 구분한다. 이렇게 보면 2535 이 시기는 딱 청년 초·중기에 걸치는 시기다. 인생 전체로 볼 때 아직 살 날이 많이 남아 이제부터 시작이고 가능성이 남아 있는 시기라고 볼 수 있다.

이 시기는 학업과 군복무를 수행하고 사회에 막 진출하려는 시기로 나타나는 생활형태가 다양하다. 나도 24살에 제대 후 25살에 다시 학교에 복학하여 취업 등 사회에 나가기 위한 준비를 시작했다. 27살에 학교 졸업과 동시에 취업하여 35살 시절도 일하면서 현실에 적응해 나갔다. 그 어느 때보다 힘들고 사회상황이 불안정하다 보니 많은 2535 세대가 성공적인 사회진출을 위해 치열하게 경쟁하고 있다. 나는 2535 이 시기를 내 나름대로 판단하에 25~30세는 사회 진출을 준비하는 시기, 30~35세는 사회 진출 후 적응하는 시기로 구분해보고자 한다.

일반적인 25~30세 남자라면 이제 군대를 다녀와서 복학하여 사회 진출을 준비하기도 하고, 이미 사회에 진출한 사람도 있을 것이다. 취업을 위한 스펙을 쌓기 위해 도서관에서 공부도 하고, 공모전 및 인턴십에도 참가하면서 바쁜 나날을 보낸다. 주로 여자친구가 있다면 연애를 즐기고, 주머니 사정이 별로 좋지 않지만, 분수에 맞게 문화 활동을 즐기는 시기이기도 하다.

일반적인 30~35세 남자는 사회생활을 시작한 지 5~10년 차 사이로 기업, 전문분야 등에서 적응하고 있을 것이다. 성실하게 일해서 자신의 능력을 인정받아 직책을 맡아 활발하게 활동하거나 전문분야에서 전문가로서의 위치를 확보할 수 있는 사람도 있을 것이다. 일찍 사회에 진출하여 경험이 있는 사람이라면 자기 사업체를 차려 사장으로서 위치를 확보할 수 있다.

이 시기는 대체로 결혼과 싱글 비율이 50:50으로 보이고 있다. 결혼했다면 맞벌이를 하거나 자녀는 한 명 정도로 아이가 어려서 육아에 집중할 시기이다. 집이 있다면 부모의 도움으로 산 사람도 있고, 대부분은 은행대출로 사거나 전세, 월세 등으로 유지하고 있을 것이다. 위에 언급한 대로 2535 이 시기는 대부분이 저런 형태의 생활로 인생을 살아가고 있다.

그럼 2535 세대들은 어떤 기준으로 살아가고 있을까? 〈삼성 디자인 네트〉가 분석한 자료를 통한 2535 라이프 스타일은 다음과 같다.
- 인터넷을 통한 커뮤니티, 동호회 활동을 통한 모르는 사람과의 관계 맺기 가능
- 메신저를 통한 메일, 채팅의 일상화
- 홈페이지와 블로그를 통한 자신의 개성을 표현하여 개인의 전반적인 삶을 통해 LIFE caching이란 트렌드 창조
- 자기만의 실용적인 패션 라이프 추구

- 패션, 디지털 사용을 통한 최신 트렌드를 선도

〈LG경제연구원〉이 내놓은 자료를 보면 2535 세대의 인생 가치관과 라이프 스타일은 다음과 같다.
  - 개방적이고 유연한 가치관
  - 일과 삶의 균형 중시
  - 사회 공동의 책임 및 인권 중시
  - 비관적 현실주의 및 사회 전반에 대한 불안감
  - 회사 생활보단 가족과의 여가, 개인 취미 생활 위주 선호
  - 소유보단 실용적 소유 개념의 집, 이중적 소비패턴

내가 보기에도 평소에 생각했던 나의 라이프 스타일과 일맥상통하는 부분이 많다. 아마도 읽는 독자들도 대부분이 2535 세대라면 공감할 수 있을 것이다. 그러면 이런 가치관을 가지고 살면서 무엇이 문제일까?

위의 자료를 보면 개방적이고 유연하게 일과 삶의 균형도 중시하나, 먼저 지적할 것은 너무 비관적으로 현실을 본다는 데 있다. 이렇게 되면 미래에 대한 꿈, 목표의식은 없어지고 부정적인 사고가 습관화된다는 데 있다. 따라서 이에 따른 생각이 반복되어 장기적인 판단이 흐려지고 사소한 일에 집착하고 극단적으로 판단하게 되어 문제를 그르치게 되는 경우가 생긴다. 나도 대학 졸업반 시절 어려운 집안 사정으로

빨리 취업을 해야 하겠다는 현실적인 판단에만 집착했다. 그러다 보니 작은 회사에 들어가 열심히 일했지만, 급여체납, 파산으로 또다시 사정은 어려워지고 몇 번의 이직을 거쳐야 했다. 급여체납이 되니 또 탄탄하고 돈이 잘 나오는 회사를 찾아야 한다는 근시안적인 판단만 하고 앞으로 내 인생에 대한 장기적인 고려는 전혀 없었다.

또 이런 생활의 연속이다 보니 모든 것에 대해 포기가 빠르고 체념하는 분위기가 만연해있다. 장기간의 경제침체와 사회에 대한 불안감에 미래에 대한 기대감을 잃어 쉽게 체념하고, 의욕 상실, 무기력증을 가져온다. 또 불만과 분노를 표출시켜 쉽게 흥분하고, 조금만 힘들 거나 자신의 역경, 좌절, 실패 등의 책임을 사회로 돌린다. 이런 상황이다 보니 개인적인 불안 심리와 우울증 등을 달래기 위해 지나친 소비생활, 유흥활동 등에 집착하게 된다. 또 10년 이상 돈을 쓰지 않고 모아도 집값이 너무 비싸 구매할 수 없으니 내 집 마련도 포기하게 된다. 그래서 소유보단 전·월세라도 실용적으로 살 수 있는 집을 마련하고 대신 다른 소비생활로 모이게 된다는 것이다. 내 집 마련뿐만 아니라 결혼, 육아 등에도 경제적으로 부담되다 보니 늦게 결혼하거나 출산기피, 싱글라이프 현상도 이와 무관하지 않다고 본다.

위에 언급한 대로 경제침체와 불안한 사회현상으로 현실적으로 포기하고 살아가는 2535 세대도 있지만, 그래도 열심히 미래를 준비하고 긍정적인 가치관과 라이프 스타일로 무장하여 살아가는 2535 세대가 대부분이라고 본다. 그만큼 예전 세대와는 다른 사회적, 경제적 분위기 속에 어떻게든 살아남기 위해 고군분투하고 있다고 본다. 아직 2535는 인생 전체로 볼 때 청년기 초·중기에 속하는 시작점이다. 읽고 있는 독자들은 어찌할 것인가? 비관적으로 현실을 보고 체념하면서 살 것인가, 아니면 치열하게 자기 자신에 대한 인생을 돌아보고 어떤 조그만 변화라도 모색하면서 길을 찾을 것인가? 지금부터라도 2535 이 시기를 도약의 기회로 삼아 남은 인생을 찬란하게 만들어야 한다.

1-3

/

그냥 목표,
꿈 없이 열심히만 살면 되는 줄 알았다

/

　　도시공학을 전공한 나는 2003년 졸업반 시절 좋은 회사에 들어가 돈 많이 벌어서 평범하게 살아야겠다는 단순한 생각만 가지고 있었다. 남들이 다하는 토익시험 준비, 필요한 자격증만 따기 위해서 찾아보고 단지 따라 할 뿐이었다. 결국 나는 4학년 2학기 내내 지원하는 곳마다 서류통과는커녕 계속 탈락했다. 어쩌다 한두 곳에서 서류 통과 후 면접 보라고 연락 오면 그냥 대충 준비 없이 갔다가 탈락했다. 전공공부도 하기 싫어 그냥 학점만 때우기 위해 중간고사, 기말고사 기간만 반짝 공부하여 성적만 올려 공부의 깊이도 없었다. 전공을 살려 설계회사에 취업하게 되면 고생한다는 이야기를 선배들에게 들어서 거기에 가긴 싫었다. 그냥 이름 있는 대기업, 공기업 등에 들어가고 싶어 그런 곳만 지원하고 아무런 노력도 없다 보니 실패할 수밖에 없었다. 결국 하고 싶고 되고 싶은 목표나 꿈도 없이 살다 보니 어떤 성과도 없었고, 그저 되는대로 살게 되었다. 그러다 대학교 졸업 한 달을 남기고 계속된 묻지 마 취업은 실패하였다. 결국 전공을 살릴 수밖에 없어 작은 설계회사에 취업하게 되었다.

나는 빨리 취업하고 싶은 꿈만 있고, 앞으로 내가 무엇을 하면서 먹고 살지, 어떤 직업이 나에게 맞을지, 내가 그 직업을 통해 이루고자 하는 바가 무엇인지에 대한 고민이나 목표는 없었다. 그러다 보니 그것을 이루고자 하는 바도 명확하지 않았고, 과정 또한 계획 없이 즉흥적으로 진행하다 보니 결국 성과도 없게 된 것이다. 나와 같은 동기 한 명은 자기가 원하는 기업에 취업하는 것을 목표로 하고, 그에 따른 항목을 차근차근 계획하여 4학년 1학기만 마치고 휴학 후 필요한 공부에만 몰두하였다. 그리고 몇 개월 후에 원하는 기업에 입사하고 지금까지 잘 다니고 있다. 나와 이 친구의 차이는 꿈과 목표가 있느냐 없느냐와 그것을 이루기 위한 노력이 얼마나 큰지 그 차이를 보여주고 있다.

어떻게든 취업에 성공해서 설계회사에 들어갔지만 계속되는 야근 및 철야근무로 적응하기가 쉽지 않았다. 하루하루 근근이 버틴다는 느낌에 재미도 보람도 느끼지 못했다. 그래도 회사에서 인정받기 위해 직원으로서 일은 했지만, 무엇을 하였는지 퇴근길이나 자기 전에 뒤돌아보면 허무하기만 했다. 일에 익숙했는지, 아니면 그땐 그런 것을 몰랐는지 신세 한탄이나 야근은 안 했으면 좋겠다는 불평불만만 하고, 내가 정말 무엇을 꿈꾸고 목표했는지 그것조차 깨닫지 못하는 나날이었다. 엎친 데 덮친 격으로 사회생활을 시작했던 첫 회사에서 1년 7개월 만에 장기간의 급여체납으로 결국 퇴사하는 불운을 맞아야 했다. 다행히 사수의 추천으로 경력 단절 없이 바로 다른 설계회사로 이직하여 계속 같은 일을 수행할 수 있었다. 이때부터 이후 진급하고 일에 재미를 붙이면서 좀 더 큰 프로젝트를 하고 싶은 꿈과 목표가 생기게 되었다. 그러다 보니 일에 대한 공부와 업무를 익히는 것이 재미를 붙이게 되었다. 그렇게 업무를 진행하다 보니 내가 맡은 프로젝트는 어떻게든 내 힘으로 끝내보자는 작은 목표가 생기게 되었다.

작은 일이라도 꿈, 목표가 생기니 삶의 변화가 조금씩이라도 달라지고 인생에 임하는 마음가짐이 달라진다. 도시계획 엔지니어로 일하면서 진급도 하고 경력이 쌓이다 보면 자기 주도로 프로젝트를 진행할 수 있게 되는데, 나는 이 시기에 좀 고되긴 했지만, 프로젝트 하나가 내가 주도하여 나아갈 수 있다는 자부심에 어렵더라도 끝까지 잘 완수해보자는 목표를 가지고 진행하였다. 프로젝트를 진행하는 중간중간에 힘들고 어려운 일이 많았지만, 끝까지 완주하자는 목표가 있었기에 잘 마칠 수 있었다. 이렇게 목표가 뚜렷하면 가는 길이 분명하므로 중간에 어떤 유혹이나 어려움이 있더라도 정확하게 그 목표를 향해 나아갈 수 있다.

몇 년 전에 전지현, 이정재 등이 나온 〈도둑들〉이란 영화가 1,000만 관객을 돌파하면서 큰 흥행을 한 적이 있다. 내용은 7명의 도둑들이 보물 쟁탈전을 그리는 영화였다. 7명의 각자 도둑들은 각자의 신념과 꿈, 목표를 가지고 한 데 뭉치기도 하고, 서로 떨어져 싸우고 보물을 쟁탈하기 위한 사투를 벌인다. 각자의 꿈과 목표가 뚜렷하다 보니 그 보물을 갖기 위한 과정도 치열하고 절실했다. 명확한 목표, 꿈이 있다 보니 보물을 얻기 위한 결과물을 얻기 위해 어떻게 행동할지 바로 알고 있었다.

스타벅스를 만든 하워드 슐츠도 "스타벅스의 미래를 생각하니 강한 열정과 확신이 생겼다."라고 하면서 세계적인 기업으로 만들겠다는 꿈과 목표를 가졌다. 결국 이 꿈을 실현하기 위해 매일같이 노력한 결과, 오늘날의 세계 최대 커피전문점이 되었다.

우리가 잘 알고 있는 피겨 여제 김연아! 어릴 때 피겨스케이트에 재능이 있어 시작하게 되었다는 그녀는 올림픽 금메달리스트라는 확실한 목표가 있었다. 그것을 위해 하루에 6시간 이상씩 훈련에 매진하여 결국 2010년 밴쿠버 올림픽에서 그 목표를 이루고 세계 최고의 피겨스케이트 선수가 되었다. 재능도 있었지만, 목표가 있어 그것을 위해 노력한 결과였다. 약물 파동으로 빛이 바래긴 했으나 한국수영 간판 박태환 선수, 메이저리그에서 위상을 높였던 박찬호·추신수 선수도 마찬가지 경우다.

이처럼 꿈과 목표가 명확한 사람은 이것을 이루기 위해 치열하게 몰입하고 노력한다. 어떠한 역경에도 앞만 보고 달려간다. 또 이런 사람들이 이렇게 치열하게 도전하는 이유는 그 일이 자기 미래를 밝혀줄 수 있다는 확신을 하고 심장이 뛰게 하는 일을 하기 때문이다.

꼭 이렇게 성공하여 유명인만 있는 것은 아니다. 내 주위를 둘러봐도 이렇게 꿈과 목표가 분명하여 성공적인 인생을 살아가는 분이 있다. 전 회사의 내 직장 상사로 그녀는 자기분야의 최고 전문가가 되겠다는 목표가 뚜렷했다. 이 목표를 이루기 위해 기술사를 취득하고, 현재는 자기 사업을 하시면서 아직도 노력하고 계신다.

〈관점을 바꾸면 인생이 달라진다〉의 조경애 작가는 "세상에는 두 부류의 사람이 있다. 확고한 꿈을 가지고 도전하는 사람과 현실에 안주하는 사람이다. 전자는 언제나 자신감을 느끼고 열정적으로 자기계발을 하며 자신을 업그레이드시킨다. 그리고 자신이 원하는 미래를 만들어가며 꿈을 실현한다. 하지만 후자는 하루하루 버텨내는 삶을 살아갈 뿐이다. 그들은 성공을 원하는 사람을 보면 부러워하며 자신도 성공하고 싶어한다. 그럼에도 주위의 시선을 두려워하고 불확실한 도전으로 인한 실패를 두려워한다."라고 꿈과 목표를 가지는 중요성을 역설하고 있다. 현재 2535 당신은 어떤 유형에 속하는가? 후자라면 전자로 바꾸고 싶지 않은가? 필자도 2535 시절은 일에 시달리면서 꿈도 없이 퇴근 후 TV를 보거나 지인들과 술집을 전전하며 불평불만만 하면서 시간을 보냈다. 이 생활이 나쁘다는 건 아니지만 지금 생각해보니 내가 몇 년이 지나도 같은 생활을 하는 현실이 안타까웠다. 지금 이런 생활에 익숙한 당신이라면 한 살이라도 젊을 때 꿈과 목표를 작게라도 설정해 그것을 위해 달리는 것이 중요하다.

〈하버드 새벽 4시 반〉에서도 "젊은 시절에는 반드시 꿈을 가져야 한다. 꿈은 우리를 더욱 특별하게 만들고 새로운 힘을 제공하며 우리가 앞으로 나아갈 수 있게 한다. 우리는 꿈을 통해 평범함에서 더욱 수준 높은 삶을 살 수 있다."라고 꿈과 목표의 중요성을 강조하고 있다. 2535 이 시절에 힘들더라도 지금 현실에 가장 하고 싶고 잘할 수 있는 일을 찾아야 한다. 자기가 잘할 수 있는 일을 찾아 작지만 자기만의 확실한 꿈과 목표를 가지고 하루하루 충실히 이루기 위해 나아간다면 눈부신 다른 인생을 맞이할 수 있다. 그리고 꿈과 목표를 가지고 자기만의 모멘텀을 찾아 실제로 행동으로 옮겨야 한다. 행동하지 않으면 아무리 좋은 꿈과 목표도 그림의 떡이므로 조금씩 조금씩 한 걸음을 내딛는 노력이 가장 중요하다. 지금 당장 무엇이라도 좋으니 당신만의 꿈, 목표를 찾아라.

1-4

/

2535, 지금 무엇을 생각하고 있는가?

/

    2012년 2월 중순경의 어느 날이었다. 평소와 다름없이 여러 프로젝트를 총괄하는 팀장으로서 아침부터 걸려오는 거래처의 전화업무를 처리하고 회의 주관 후 사장님을 직접 모시고 중요한 프로젝트 미팅에 참석했다. 그 미팅은 어려워진 회사를 살릴 큰 규모의 프로젝트를 위한 것이었다. 하지만 미팅 시 클라이언트(의뢰인)가 궁금해했던 사항에 대해 내가 잘못 검토한 사항을 사장님께서 답변하는 바람에 결국 계약이 성사되지 못했다. 이 사건이 계기가 되어 결국 나는 책임을 지고 회사를 나오게 되었다. 사실 그전부터 회사가 어려워져 인원을 반으로 구조조정을 한다는 소문이 있었고 근무하는 약 4년 동안 여러 번의 내 실수가 겹쳐서 일어난 결과였다. 이때 나이가 35살 한창 일할 시기에 청천벽력 같은 소식이었다.

나도 사회생활을 시작한 27살부터 그저 일하며 막연하게 앞을 바라보면서 뛰긴 했지만, 한편으로 앞으로 어찌할지 걱정만 가득한 채로 살아갔다. 솔직히 별다른 생각 없이 하루하루를 살고, 일주일에 5일은 술, 게임 등에 빠져 스트레스를 푼 것 외에는 다른 생각을 해 본 적은 없었다. 그러다 보니 아무런 변화도 이끌어내지 못하고 시간만 보냈다. 그저 회사사정이 안 좋으면 다른 좋은 자리가 있는지 막연하게 알아보기만 하고, 뭔가를 하더라도 걱정만 앞서고 제대로 해 본 적은 없었다. 어려움이 생기면 회피할 생각부터 하고 부딪혀 볼 생각조차 안 했다.

2535 시절 중 이 시기는 인생에서 앞으로 어찌할지 고민하거나, 무엇을 해야 할지 몰라 방황하거나, 지금까지 해 왔던 대로 앞을 바라보면서 뛰거나 셋 중에 하나에 해당할 것이다. 아마도 읽는 독자들 대부분이 생각만 많고 현실여건이나 어떠한 사유로 자기 의지와 상관없이 아무런 결심도 못 한 채 그렇게 살아가고 있을 것이다. 2535 세대 중 2529세대는 자기만의 꿈, 목표를 가지고 앞으로 나아가는 젊은이도 있겠지만, 대부분이 대학에서 취업을 위한 스펙을 쌓기 위해 토익, 자격증에 매달리고 공무원 준비를 위한 공부를 하고 있다. 정작 자기

생각은 없이 무엇을 해야 할지 모르다 보니 그저 남들이 하니까 따라 하는 것이다. 3035세대도 현실에 생활에 쫓기다 보니 그저 직장이나 자기가 하는 일에 대한 고민, 어려운 인간관계, 금전 문제 등 일반적인 생각에만 빠지고 다른 생각은 전혀 하지 못한 채로 살아간다. 어려운 경제상황이 계속되다 보니 한탕주의를 위해 도박, 사설 경마, 경륜, 토토 등과 같은 사행성 오락에 아예 몰두하는 사람도 있다.

대부분 2535들이 자기 스스로에 대한 생각은 거의 하지 않거나 하더라도 그냥 무의미하게 잘될 거라는 안일한 생각으로 살아간다. 이러는 사이 세월은 속절없이 지나가면서 나이만 계속 먹어가게 된다. 35살이 지나 30대 후반~40대가 되어 뒤늦게 자기 자신을 돌아보게 되면 현실적인 문제로 좌절하는 경우가 많다. 이때 자신의 인생을 걸 수 있는 과감한 도전은 포기하게 되고, 주어진 현실에 꿈과 목표 없이 순응하면서 살아갈 수밖에 없다. 이것이 나쁘다는 것은 아니다. 다만 딱 한 번이라도 자기 자신에 대한 성찰로 원하는 것에 도전하여 성취하는 인생이 더 멋진 일이 아닐까?

나는 이 시기에 지난날에 대해 반성은 조금 했으나 나에 대해서 진지하게 객관적으로 돌아보거나 생각해 본 적은 별로 없었다. 그러다 보니 한 살 한 살 나이가 먹다 보니 현실에 타협하고 체념하는 삶을 나는 보게 되었다. 뒤늦게나마 나를 돌아볼 기회가 생겨 지금 이렇게 마지막으로 내가 하고 싶은 꿈과 목표를 향해 도전하고 있다.

가끔 같이 근무했던 선·후배, 동기들과 만나면 나도 모르게 "급여는 안 밀리나, 회사 사정은 어떠냐?" 이런 질문만 던지곤 했다. 그렇게 상황이 힘들면 다른 생각은 하고 있는지, 너 자신에 대한 변화가 필요한지 등에 관한 질문은 아예 하질 못했다. 그리고 나서는 신세 한탄과 함께 단지 구조조정 등으로 실직하게 되면 앞으로 어떻게 살아야 할지 막막하다는 등의 이야기만 오갔다. 그러다 보면 무겁고 적막한 분위기만 감돈다. 이런 선후배들 대부분이 꿈이 없고 그냥 일에 치여 하루하루 살아간다.

〈서른 살 이기는 습관〉의 이민구 저자는 말한다. 어떤 변화와 진로를 위해서 생각이 꼭 필요한 사람은 다섯 가지 부류로 나눌 수 있다고 한다.

① 자신의 직장에 불만족하거나 일의 성과가 없어 고민하는 사람
② 생계를 위해 취업했지만, 자신의 전공이나 특성과 맞지 않아 고민하는 사람
③ 자기 스스로 변화의 필요성을 느끼고 다시 시작하려는 사람
④ 큰 실패를 겪고 곤경에 빠져 있거나 심한 좌절감을 겪고 있는 사람
⑤ 아무것도 하지 않고 부모님에게 의존하고 있는 사람

나는 현재 세 번째 유형에 해당하는 나 스스로 변화의 필요성을 느껴서 다시 뭔가를 시도해 보고 있다. 지금까지 현실적인 제약으로 하지 못했던 꿈과 목표를 이제부터라도 이루기 위해 도전하고 있다. 그 첫 번째가 지금 이 책을 쓰는 작업이 될 것이다.

읽고 있는 독자들은 어떤 유형에 자기가 현재 속하고 무엇을 생각하고 있는가? 지금이라도 자기 자신에 대해 생각해보지 않겠는가?

2535 이 시기는 자기 자신에 대한 고민과 생각을 한 번쯤은 제대로 해봐야 한다. 자기 인생에서 전환점을 찾거나 변화를 추구하기 위해서 이 시기가 가장 중요하다고 생각한다. 이 시기를 대충 생각 없이 보내게 되면 결국 현실에 안주하게 되거나 체념하게 되는 그저 그런 삶으로 살아갈 수밖에 없다. 혹자들은 2535를 통틀어 30대 전체가 전체 인생을 결정하는 터닝포인트가 되는 시점이고 자신의 인생설계를 제대로 할 마지막 기회라고 한다. 나는 꼭 그렇게 단정 짓기 싫지만 그래도 이 2535 이 시기가 자기를 변화시킬 수 있는 최적의 시기라는 건 동의한다. 이 시기에 준비를 잘하면 앞으로 인생이 장밋빛 미래가 보일 수 있을 것이다. 지금부터라도 내가 누구인지 자신에 대해 진지하게 성찰 한 번 시도해 보기 바란다.

1-5

/

대체 모멘텀이 뭐야?

/

나는 2009년 32살에 결혼하고 바로 가족이 생기는 경사가 있었다. 그러나 마침 2008년부터 시작된 미국 서브프라임 여파로 건설경기 침체와 함께 업계가 불황이 되다 보니 월급이 삭감되고 또 그것마저 제때 받지 못하는 상황이 이어지게 되었다. 그런데도 업무량은 많아서 계속되는 야근으로 집중되지 않아서 일 진행은 잘되지 않았고, 심신은 약해져만 갔다. 스트레스가 쌓이다 보니 이것을 풀기 위해 사람들과 만나 신세나 한탄하고 술만 마시는 나날이 늘어갔다.

"내가 이럴 리 없는데… 왜 이렇게 풀리지 않을까?"

"나도 좀 더 잘 살고 싶고, 성공하고 싶어."
"나도 특별한 재능이 있고, 무엇인가를 더 잘할 수 있을 텐데…"

이러한 생각이 계속 들다 보니 뭔가를 이루지 못한 형편없는 나 자신이 답답했다. 술을 많이 마신 다음 날에는 이러한 생각들이 너무 꼬리에 꼬리를 물다 보니 나 자신이 무기력해지고 우울증 초기 증세까지 보이게 되었다. 이러다 보니 한창 신혼을 즐겨야 하고 첫 아이까지 임신했던 아내에게 짜증과 불만만 표출했다. 잘해주기는커녕 오히려 내 스트레스를 아내에게 전가까지 했으니 지금 돌이켜보면 참 한심하기 짝이 이를 데 없다. 그러던 어느 날 출장 가던 길에 전날 늦게까지 일을 하다 보니 몸도 피곤하고 잠깐 졸음운전을 했는데, 차가 가로수를 들이받는 사고가 일어났다. 그러나 다행히 그리 크게 사고가 나지 않아 안도의 한숨을 내쉬게 되었다. 가족을 못 볼 수도 있다는 사실에 문득 이 상황을 개선하기 위한 나만의 노력과 방법을 찾아야겠다고 결심했다. 아마도 이때까지 인생의 깨달음이란 것이 무엇인지 관심도 없었고, 생각해본 적이 없었다. 더는 이렇게 살아선 안 된다는 생각에 여러 정보를 찾아보았다. 성공한 사람들의 강의나 자기계발서, 힐링이 되는 책들을 통하여 의식을 바꾸고 따라 해보면 인생의 전환점을 찾는 데 많은 도움이 된다는 정보를 얻었다.

2012년 여름부터 도서관, 서점에 가서 닥치는 대로 자기계발서를 찾아서 읽고 또 읽으면서 중요한 문구는 줄도 치고 내 나름대로 적용도 해 보는 노력을 하게 되었다. 난 사고로 인한 가족의 중요함과 책을 통한 의식변화 이 두 가지가 내 인생의 첫 번째 큰 전환점을 찾게 되는 계기가 되었다고 본다. 지금에서야 알게 되었지만, 부정적인 생각은 결국 나 자신을 루저(loser), 즉 패배자로 만들고, 그 생각들이 현실로 나타나 나를 계속 괴롭히고 있다는 사실을 깨닫게 되었다. 지금도 상황은 그때나 지금이나 별반 다르진 않다. 하지만 이전까지의 부정적인 생각, 태도 등이 조금이나마 변화하고 있다. 되고 싶은 꿈과 이루고 싶은 목표도 생겼다. 누구나 살다 보면 시기가 틀릴 뿐 어떤 계기가 되어 자기 인생을 돌아보고 깨닫게 되는 시점이 온다. 나는 이 깨닫게 되는 시점, 전환점 등을 통틀어 인생의 모멘텀이란 용어로 정의하려고 한다.

원래 모멘텀의 사전적 정의는 영어로 Momentum으로 물리학적 용어로 뜻을 풀어보면 동력, 추진력·타성 등의 의미로 쓰이고 기하학에서 곡선 위의 한 점의 기울기를 뜻한다. 또 증권시장에서 주가 추세의 속도가 증가하고 있는지, 아니면 감소하고 있는지를 추세 운동량으로 측정하여 나타내는 지표로 쓰인다고 한다. 즉 주가가 상승하더라도 기울기가 둔화되면 향후 주가하락을 예상할 수 있고, 반대로 주가가 하락하더라도 모멘텀의 기울기가 상승하면 주가상승을 예상할 수 있다고 한다.

인생을 결부시켜 보면 모멘텀은 인생이란 곡선 위에 살아가는 한 점의 기울기로 볼 수 있다. 인생에서 어떤 상황이 좋더라도 어느 한점의 기울기가 작아지면 전체 인생이 안 좋아질 수 있고, 반대로 상황이 좋지 않더라도 자기만의 기울기가 좋아져서 반전의 기회가 생길 수도 있다. 즉 인생에서 모멘텀이란 것은 인생의 터닝포인트 즉 전환점이라고 보는 게 이해가 쉬울 듯하다.

〈세상을 바꾸는 시간 15분〉에 김미경 아트스피치 원장의 "꿈길에서 절대 빠지면 안 되는 샛길"이란 강의에서 이 모멘텀과 비슷한 개념에 대한 이야기가 나왔다. 사람에겐 자기만의 추가 있어서 이 추가 왼쪽에서 오른쪽으로, 또 오른쪽에서 왼쪽으로 움직이면서 인생이 진행된다고 하였다. 왼쪽에서 오른쪽으로 움직이면 더 나은 인생으로 나가고 있고, 다시 오른쪽에서 왼쪽으로 움직이면 힘든 시기가 오는 것을 의미한다. 이 추는 계속 양방향으로 움직이면서 오른쪽으로 가게 되면 반드시 왼쪽으로 되돌아오고, 왼쪽으로 가면 또 오른쪽으로 되돌아가게 된다는 것이다.

이때 어떤 사람이든지 인생에서 이 추가 한번은 심하게 흔들릴 때가 온다고 하는데, 추가 심하게 흔들려야 인생의 깨달음을 얻을 수 있다고 한다. 이 추를 객관적으로 자기중심에서 바라보는 게 전제로 해야 한다고 한다. 난 이게 인생의 모멘텀을 찾는 과정과 비슷하다고 생각한다.

위대한 미래학자 '벅민스터 풀러'도 인생의 모멘텀을 찾아 위대한 사람으로 다시 태어났다. 젊은 시절 그는 실직하고 부양할 가족이 있었고, 큰 아이까지 잃는 슬픔이 컸다. 자살하려고 호수에 뛰어내리기 직전 죽는 것보다 자기 인생의 실패 요인에 답을 찾는 편이 낫다고 생각하여 다시 한 번 삶에 대한 용기를 냈다. 그는 답을 찾아가면서 이것이 자기 인생의 전환점이 되어 결국 작가, 건축가 등으로 성공할 수 있었다. 그는 자기의 역경 기회를 스스로 모멘텀을 찾아 기회로 바꿔놓았다.

어릴 때 장애를 가지고 태어난 '닉 부이치치'는 초등학교 때 자기를 놀리는 아이들의 말에 상처를 입었다. 자신의 장애를 비관하다 몇 번의 자살을 시도했지만, 부모님의 헌신적인 사랑과 자기에게 장애를 주신 건 남들을 도와줄 수 있다는 사실을 깨닫고 나선 그 누구보다도 열정적으로 살게 되었다. 비록 몸은 커다란 장애를 가지고 있지만, 자기만의 모멘텀을 찾아서 긍정적으로 자기 인생을 개척하였다. "저는 모험을 즐기고 큰 꿈을 꾸기 위해 삽니다. 불가능해 보이는 일을 하고, 남들이 할 수 없다는 반응을 보일 때 반응은 딱 한 가지입니다. 'why not?' 제가 팔과 다리가 없이 태어났다고 해서 위대한 일을 할 수 없지만, 제 삶에 주어진 모든 것을 사랑하며 활기차고 열정적으로 살고 싶습니다. 스스로 한계를 정하지는 마세요, 나는 날마다 새로운 것에 도전합니다." 그는 오늘도 긍정적인 자기만의 모멘텀으로 오히려 사지가 멀쩡한 우리에게 큰 가르침을 주고 있다.

현재 2535세대는 이제 군대를 다녀와서 복학생이 되었거나 사회 초년생, 사회생활 5년 차 등에 해당할 것이다. 윗세대와는 다르게 자기 인생 자체를 즐길 줄 아는 세대이나 또 경제적 부담과 사회적인 불안으로 취업, 출산, 결혼, 인간관계, 내 집 마련까지 포기한 5포 세대란 말까지 들으며 하루하루 고민하며 살아가고 있다. 자 2535들이여! 어떤가? 앞으로도 계속 고민만 하면서 우울하게 매일매일을 보낼 것인가? 지금 중요한 것은 자기만의 모멘텀을 찾아 이 힘든 시기를 어떻게 극복해 나갈 수 있을지 주저앉지 말고 아직 다시 시작하거나, 무엇인가를 선택하여 결단을 내려야 한다. 유대인들 명언 중 "인생에서 과용해선 안 되는 세 가지는 빵에 넣는 효모와 소금, 그리고 망설임이다. 효모를 너무 많이 넣으면 요리가 씁쓸해지며 지나치게 망설이면 성공의 기회들을 놓치게 된다" 는 말이 있다.

즉 모멘텀을 찾기 위해서 너무 망설이지 말아야 한다. 힘들더라도 현재 자신에 대해 돌아보고 지금 상황에서 최고의 선택을 하여 무엇이든 시도하면서 자신만의 깨달음, 즉 모멘텀을 찾아서 앞으로 나아가야 한다.

1-6

/

무조건 힐링이 최선인가?
자기만의 모멘텀이 필요할 때다

/

2012년 2월 마지막 날 몇 번의 이직 끝에 꽤 오래 다니던 회사에서 구조조정으로 나오게 되었다. 그날 밤 다니던 직원들과 조촐하게 송별회를 마치고 집으로 돌아오는 길이었다. 사무실에서 사람들과 마지막으로 인사를 나눌 때는 아무렇지 않았는데 혼자서 골목길을 걸어가는데 갑자기 눈물이 왈칵 쏟아졌다. 나도 회사 수익을 위해서 아내와 아이 등 가족을 책임지기 위해서 나름대로 열심히 살아가고 있다고 생각했지만, 현실은 그게 아니라는 느낌을 받으니 나도 모르게 눈물이 나온 것이었다. 정말 억울했다. 도대체 이렇게 열심히 살았는데 자꾸 넘어지고 실패하는 것처럼 느껴지는지 하늘이 정말 원망스러웠다.

집 앞 전봇대서 한동안 가만히 서서 혼자 서럽게 울었다. 그렇게 다시 실업자가 되었고 며칠 동안 집에서 자괴감에 나가질 않다가 우연히 서점에 들러 눈에 띄었던 책이 바로 김난도 교수의 〈아프면 청춘이다〉였다. 마음의 치유가 필요한 시점에 나에게 꼭 맞는 책이라 생각이 들어 바로 사서 읽기 시작했다. 물론 다 읽고 나서 조금은 위로를 받았던 생각이 난다. 하지만 앞으로 다시 일어서기 위해서 치유, 힐링이란 것은 잠깐 좋은 기운을 줄 수 있지만 오래가는 감정이라는 생각은 들지 않았다. 치유받은 마음을 바탕으로 다시 도전할 수 있는 용기가 더 필요하다고 생각하고, 다시 취업전쟁에 뛰어들었다. 몇 달 후 계약직이었지만 다시 일할 수 있게 되었다.

1997년 IMF 사태와 2008년 미국 서브프라임 사태로 인한 글로벌 경제침체로 장기적인 불황과 불안한 사회현상이 우리나라에도 여파가 미쳐 계속되어 현실이 각박하고 고달프다. 졸업해봐야 일자리 구하기는 너무 어려워 구직을 포기하거나 취업하더라도 그 안의 전쟁에서 스트레스받는 젊은이들이 한둘이 아니다. 요새는 이런 문제를 해결하고 극복하자 보다는 우선 있는 그대로 이해하고 위로하면서 치유하자는 분위기가 많다. 몇 년 전에 나온 김난도 교수의 〈아프면 청춘이다〉와 혜민스님이 쓴 〈멈추면 비로소 보이는 것들〉 책이 오랫동안 스테디셀러로 사랑받고 있는 걸 보면 이런 분위기와 무관하지 않다.

물론 불안한 사회현실에 2535세대에게 힘들고 지치거나 답답하고 고달픈 현상은 부인할 수 없다. 아픈 2535세대를 위로해 주면서 치유해 주고, 위안을 받은 2535세대가 그동안 받아왔던 상처를 걷어내고 다시 일어설 수 있게 하는 것은 아주 좋은 일이다. 그러나 꼭 힐링을 받았다고 해서 문제가 해결되는 것은 아닌데, 단지 지친 사회에 힐링을 해야 한다는 것이 하나의 트렌드가 되어버렸다. '윤혜정 에디터'가 잡지 〈바자〉(2013.6)에서 다음과 같이 요즘 힐링문화에 대해 밝히고 있다.

"요즘의 힐링은 '치유'라기 보다는 '마음 스타일링' 혹은 '마음 안정제'이다.

알약 먹듯 쉽고 간편하고 빠르게 나아지고 싶은 욕망이 힐링을 거대한 산업으로 키우는 이 문학, 책 그리고 사유와는 점점 멀어지고 있다."

또, 중앙일보의 양선희 기자가 쓴 칼럼(2012.9.21)에서 다음과 같이 의견을 피력했다.

"힐링은 지나친 장삿속이 아닌가 우려하며, 힐링은 애당초 위로와 치유를 앞세워 젊은이들에게 병들었다고 최면을 거는 상술에 지나지 않는다. 그러면서 언제 부조리하지 않은 적이 있었냐고 반문하며 미래가 불투명하지 않을 때도 없었다. 아울러 치유해 준답시고 젊은이들을 나약하게 주저앉히려는 장삿속은 이제 사라져야 한다."

마지막으로 〈피로사회〉, 〈시간의 향기〉 등의 책을 쓴 한병철 철학가가 밝힌 의견이다.

"나를 치료하는 게 해결책이 아니다. 사회를 치유해야 하는데 '네가 문제가 있다' 면서 '너를 치유하라' 는 것은 사회적 교활이다. 그런 힐링은 나를 죽이는 킬링이 된다. 폭력이 없는 에세이는 사회변화를 일으킬 수 없다. 있던 것을 죽여야지 새로운 것이 탄생하는 것이다."

위 의견들은 요새 불고 있는 힐링 열풍에 타당한 지적을 하고 있다. 사실 2535세대가 다 아픈 것도 아닌데 모두 싸잡아서 아픈 청춘이라고 지적하는 것도 오류다. 나름대로 열심히 꿈과 목표를 가지고 살아가는 사람도 있을 텐데 이런 사람들까지 아프다고 지적하면서 위로해 주는 것은 좀 문제가 있다고 본다. 또 문제를 해결하는 방법은 알려주지 않은 채 열심히 위로만 하고 힘겨운 현실 상황을 빨리 극복하기 위해 쉽게 해답을 찾으려고 하는 현실에 문제점을 지적하고 있다. 사실 더 따지고 들자면 우리 부모님 세대는 6·25 이후 폐허가 된 전란 시기에 찢어지게 가난했다. 그래도 좌절하지 않고 그들의 자식을 먹여 살리기 위해 또 잘 사는 나라를 만들기 위해 열심히 노력하셨다. 아무리 힘들거나 상처를 받아도 내색 한 번 하지 않았다. 우리 아버지만 봐도 그렇다. 올해 65세로 우리 가족을 먹여 살리기 위해서 38년째 한 번도 쉬지도 않고 아직도 현역에서 일하고 계신다. 물론 직업은 여러 번 바꾸셨지만, 내가 어릴 때 본 아버지는 IMF 때 회사에서 명예퇴직 당하셨을 때도 그 이후 여러 작은 기업을 전전하면서 스트레스를 받으셔도 단 한 번도 힘들다고 말씀하신 적이 없었다. 그에 비해 난 일이 조금만 힘들거나 상사와 맞지 않으면 나갈 궁리나 하고 구실을 만들어 진짜 실행하기도 했다. 나는 지금 현실이 당장 힘들면 그 문제를 해결하려고 노력하기보다 늘 회피하려고만 했다. 그러다 보니 스스로 힐링을 핑계로 조금만 힘들면 이직을 하거나 그만두는 악순환이 계속되었다. 물론 세대 간의 가치관이 다르니 그 차이점은 인정해야 하지만, 요새 힐링이란 트렌드는 내가 봐도 정말 아픈 2535 세대나 그 반대로 열심히 살아가는 그들에게 좀 아픔을 강요하는 것처럼 보인다.

'에이드리언 토미네'의 그래픽 노블인 만화 〈완벽하지 않아〉를 보면 "왜 포기하는 것이 실패하는 것과 같은 말로 쓰이는지 이해할 수 없어!"라는 대사가 나온다. 쉽게 이야기하면 현재 어떤 상처를 받아 위로를 받아야 할 사람 스스로 알아서 치유해야 진정으로 행복해 질 수 있다는 의미다. 보통 사람들에게는 힐링 자체도 강박관념으로 자리 잡게 되면 그거조차 스트레스가 되어 오히려 더 어둡고 무기력해질 수 있다. 그러다 또 실패하게 되면 그 기억들이 반복적으로 인식되어 그 힘든 상황만 보게 된다. 그러면 또 지금 당장 힘든 상황만을 피하기 위해 위로받고 싶어지고, 진짜 왜 힘든 상황에 대한 근원적인 해결책은 또 멀어지게 된다.

지금 읽고 있는 독자들도 현재 상처를 받고 많이 아파 힐링받고 싶은가? 본인이 상처받고 힘든 일을 겪고 있다면 치유를 받아 다시 회복할 수 있는 계기가 되는 건 좋다고 본다.

힐링은 잠깐 본인의 상태를 좋게 할 수는 있으나. 그 근본적인 문제를 해결하기 위해선 필요한 것은 자기의 의지다. 힘겨운 상황을 빨리 극복하기 위해 쉽게 해답을 구하지 말고, 자기 스스로의 노력으로 헤쳐나가야 한다. 자! 이 역경을 극복하고 변화를 이끌어 내는 데 필요한 것은 바로 자기 자신의 모멘텀이다. 이 모멘텀을 찾아서 힐링받은 자신을 좀 더 실제로 업그레이드해야 하고, 앞으로 펼쳐질 인생에 정면으로 맞서고 도전해야 한다. 이 책을 보는 2535들이여! 이제부터라도 힐링만 찾지 말고 자기의 새로운 삶을 위해 지금까지 누려왔던 익숙한 환경에서 벗어나야 한다. 자신만의 모멘텀을 찾아 누구도 흉내낼 수 없는 확실한 목표와 꿈을 향해 나아간다면 그것이 진정한 힐링이 아닐까 생각된다.

﹕

> 물론 이 과정에서 또 넘어지고 실패도 경험할 것이다.
> 하지만 중요한 건 자기만의 모멘텀을 가지고 희망을 잃지 않고
> 끝까지 포기하지 않는다면 예기치 않은 성공에
> 한 걸음 더 가까이 갈 수 있을 것이다.

﹕

Chapter 2

2535!
인생의 순간순간이 모멘텀의 연속이다

/
\
/
\

지금 당장 시작해도 늦은 건 아니다
세상에 나쁜 모멘텀은 없고, 그 안에도 희망은 있다
경치가 바뀌면 길을 찾을 수 있다
시도하지 않으면 아무것도 이루어질 수 없다
인생을 보는 관점을 바꾸면 돌파구가 보인다
방황해도 괜찮아, 지금 다시 찾아가는 중이야!

\
\

2535여!
산길을 한곳으로 올라가다 힘들면 다시 경치를 바꿔서
새로운 길로 갈 수 있는 것처럼
자기만의 모멘텀으로 기존 부정적인 사고의 틀을 깨 보자!
그래서 새로운 길을 찾으면 그쪽으로 가면 된다.

2-1

/

지금 당장 시작해도 늦은 건 아니다

/

　지금도 그렇지만 나는 점점 나이가 드는 것이 무서워진다. 앞으로 다가올 내 미래가 무슨 일이 일어날지 설레기도 하지만, 그 감정은 그렇게 오래가지 못했다. 걱정이 많은 내 성격도 있겠지만, 현재 살아가는 우리 현실 안에서 같이 생각하다 보면 보이지 않는 미래가 늘 두렵고 불안하기만 하다. 그렇다고 아무것도 하지 않고 가만히 있으면 더더욱 이런 감정이 오래가다 보니 자꾸 무기력해지는 나를 보게 되었다.

　이런 이유를 생각해보니 어릴 때부터 나는 늘 그 나이가 되면 이것을 해야지 또는 어떠한 모습으로 되어야지 하는 강박관념이 있었다. 예를 들어 20살엔 꼭 대학생이 되어야지, 21~22살엔 군대에 가야지,

27살엔 꼭 취업해야지, 32살 전에 결혼은 해야지 하는 그런 기준을 정해놓고 이 나이에 이것을 못하게 되면 엄청난 스트레스를 받곤 했다. 물론 이 목표를 이루기 위해서 나만의 시행착오도 겪으면서 노력도 많이 했다.

20살에 꼭 대학생이 되고 싶어서 1997년 대학수학능력시험을 망치고서도 주위에선 재수해서 한 번 더 해보라는 말을 안 듣고 바로 입학했던 기억이 있다. 또 27살에 대학 졸업 전에 취업은 꼭 해야 한다고 생각했다. 4학년 2학기 내내 묻지 마 취업에 실패했으나, 결국 대학 졸업과 동시에 작은 설계회사에 취업하게 되었다. 결혼도 32살 전에 꼭 해야 한다는 생각에 여러 번 미팅, 소개팅 등을 통한 시행착오 끝에 32살 10월에 성공하게 되었다. 이때까진 인생이 내 생각대로 풀리는 것처럼 보이고, 또 마음만 먹으면 다 이룰 수 있다고 생각했다. 하지만 이 나이 때까지 이것을 못하면 스스로 스트레스를 받고 나 자신을 옥죄면서 인생에 대해 실패한 것으로 판단했다. 즉 남이 봤을 때 이 나이가 되면 이것은 하고 있어야 올바르게 사는 것이라는 생각이 항상 자리잡혀 있었다.

하지만 내 주위를 둘러보면 아직 취업하지 않고 공부하는 친구, 결혼하지 않은 친구, 대학을 나오지 않은 친구들이 있다. 이 친구들을 보면 나보다 여유가 넘치고 오히려 자기 인생을 당당하게 살아가는 모습을 본다. 취업, 결혼을 못 했다고 해서, 학력이 대졸이 아니라고 해서 위축되거나 스트레스를 받는 모습은 거의 본 적이 없다. 물론 당사자에 따라 드러내지 않을 수도 있다. 그들은 만날 때마다 "나이가 든다고 해서 꼭 그것을 이루어야 하는 것 아닌 것 같다. 물론 나이에 맞게 인생을 살아가는 것이 순리이긴 하나, 꼭 그렇게 사는 것이 나에게 도움이 되거나 행복한 삶을 살아가게 해 주는 건 아닐 거 같다." 라고 이야기를 한다. 즉 자기만의 인생 모멘텀을 찾아 꿈을 이루기 위해서 열심히 자기 길을 찾아가고 있으므로 나이는 크게 신경을 쓰지 않는 것이다. 각자가 살아가는 방식이 다 틀리겠지만, 나는 무엇이든지 늦더라도 자기만의 모멘텀을 가지고 목표를 향해 나아가는 것이 중요하다는 사실을 깨달았다. 20대 후반에 꼭 취업한다거나 30대 초에 꼭 결혼하는 그런 틀에 박힌 인생 기준은 이제는 중요하지 않다는 점이다. 내 친구 한 명은 남들보다 2~3년 정도 대학도 늦게 가고, 졸업도 당연히 29~30살에 하게 되었다. 그 후 3년간 공무원이 되기 위해 30대 초반은 공부하여 결국 공무원이 되어 지금은 잘살고 있고, 아직 미혼이다. 초반에 나와는 사뭇 다른 길을 걸었으나, 그 친구는 자기만의 모멘텀으로 남들보다 조금씩 늦었지만 우직하게 자신의 길을 찾아서 가다 보니 나이가 든 지금은 나와 같은 상황이다.

1997년 미국 최초로 미국 국무부 장관에 올랐던 '매들린 울브라이트'는 가난한 유대인의 딸로 태어나서 미국 웰즐리 대학에서 수학했다. 이때 만난 언론계 가문의 '조셉 울브라이트'와 결혼하고 남편을 내조하고 아이를 키웠다. 틈틈이 공부도 하고 지내던 어느 날, 결혼생활 23년 만에 이혼하게 되었으며 45살이 되던 해 정말 치열하게 공부한 끝에 정치학 박사학위를 받았다. 그 후 50살이 다 되어가는 늦은 나이에 다시 정치계로 뛰어들어 남성 정치인들과 경쟁하면서 자기만의 커리어을 쌓아나갔다. 미국국가 센터 의장, 상원의원의 법률 보좌관, 유엔 미국대사를 거쳐 결국 1997년 1월 상원의 만장일치로 미국 첫 여성 국무장관으로 취임하게 되었다.

"제 상황에서 원대한 목표를 품는 것은 불가능한 시도였습니다. 다만 매일 순간순간 그저 열심히 살아보자는 마음뿐이었고 정치계에 입문하게 된 것도 우연일 수 있지만, 그 모든 우연은 축적된 필연의 결과입니다." 라고 그녀는 지금까지 이렇게 올 수 있었던 비결에 관해 이야기했다. 그녀 말대로 꿈을 이루기 위해 자신만의 모멘텀으로 매일매일 순간을 열심히 살아오다 보니 늦은 나이에도 이룬 결실이라 본다.

우리 주위에 흔히 볼 수 있는 켄터키 프라이드 치킨 "KFC" 창업주인 '할랜드 데이비드 센더스'도 늦은 나이에 꿈을 이루어 낸 대표적 인물로 잘 알려졌다. 6살에 아버지를 잃고, 12살에 어머니의 재혼으로 고향을 떠나 페인트공, 타이어 영업원, 유람선 관리인, 주유원 등 여러 직업을 전전하며 중년의 나이를 맞게 되었다. 그는 여러 직업을 전전하면서도 성실하게 맡은 바 책임을 다했다고 한다. 그렇게 모은 돈으로 레스토랑을 운영하면서 황혼의 나이 65세에 다시 한 번 파산하게 된다. 남은 돈은 딱 105불! 이 돈으로 다시 독특한 닭요리를 개발하여 낡아빠진 트럭 한 대로 미국 전역을 돌아다니며 조리법을 팔기 시작한다. 그러나 백발노인에게 조리법을 사겠다는 식당주인은 없었고, 1008번의 거절을 당했다.

"실패하면 방법을 달리해서 다시 도전하겠다."라고 다시 2년의 세월을 보낸 끝에 조리법을 사겠다는 식당주인을 만나 켄터키 프라이드 치킨 1호점을 개설하게 된다. 그때 그의 나이가 67세로 그 나이쯤이면 은퇴하고 자기 인생을 돌아보거나 쉬고 있을 텐데 샌더스는 포기하지 않고 성공을 이루어냈다.

"훌륭한 생각, 멋진 아이디어를 가진 사람은 무수히 많지만, 행동으로 옮기는 사람은 드뭅니다. 나는 포기하지 않았습니다. 대신 무엇인가를 할 때마다 그 경험에서 배우고 다음에는 더 잘할 수 있는 방법을 찾아내려 노력했습니다. 실패와 좌절의 경험은 인생을 살아가며 겪는 하나의 공부이고, 늦었다고 망설이지 마십시오."라고 자기만의 모멘텀으로 결국 인생의 반전을 이루어낸 그의 말을 잘 참고할 필요가 있다. 휴대폰 영업 등으로 전전하다 38세에 오디션에 합격하여 성악가로 데뷔한 폴포츠, 44세에 월마트를 개설한 샘 월튼도 늦은 나이에 성공한 케이스이다.

이런 유명한 인물 외에 얼마 전 TV에 나온 올해 84세인 한충자 할머니는 유명한 시인이다. 할머니는 평생을 글도 모르는 문맹인으로 지내시다 70세가 넘어 글을 배우시겠다는 일념으로 한글을 배우셨다. 그 후 한글 깨우치기에 성공하신 할머니는 시 쓰기에 도전하여 70대 후반에 첫 시집 "봄꽃은 희망이고 가을꽃은 행복이다"를 출간했다. 곧 두 번째 시집도 나올 예정이라 한다.

사실 2535시기는 무엇을 하더라도 늦은 시기는 아니다. 이제 막 사회에 진출하기 위해 준비를 하거나 사회생활에 진출해서 활발하게 활동할 시기이다. 취업·창업을 하고 결혼을 언제 꼭 해야 한다는 시점이 중요한 것이 아니다. 다만 한 가지 확실한 건 나이는 중요하지 않지만 무엇을 하든지 자기만의 모멘텀으로 목표를 정하고 마음먹으면 바로 실행에 옮겨야 한다. 지금 당장 현실이 안 보이고 답답하고 일이 잘 풀리지 않아도 그럴수록 자기만의 주관과 모멘텀을 가지고 꿈을 찾고 부딪히고 도전해야 한다. "해보지도 않고 후회하기보다는 해보고 후회하는 편이 낫다."라는 표현대로 무엇을 하든지 생각에만 그치지 말고 실행해 보고 판단하는 것이 좋다. 그래야 그 결과가 성공이든 실패든 간에 그것을 통해서 배우고 자신만의 모멘텀을 다시 찾을 수도 있을 것이다. 지금은 무엇을 하든 시작해도 늦지 않다.

2-2

/

세상엔 나쁜 모멘텀은 없고,
그 안에도 희망은 있다

/

2004년 대학을 졸업과 동시에 작은 설계회사에 취업이 되어 나 자신도 이제 가족 생계에 조금은 보탬이 되겠다는 생각에 뿌듯했다. 사실 내가 나온 도시공학과는 세부전공으로 도시공학(도시계획)과 교통공학으로 두 학문으로 분류되었다. 이 두 개 중 하나를 선택하여 전공수업을 듣고, 졸업작품 및 논문을 준비하여 통과해야 졸업을 할 수 있었다. 졸업 후엔 나와 같이 많이 취업하는 설계(엔지니어링)회사, 건설회사, 공무원, 공기업으로 사회에 나갈 수 있었다. 나는 학창시절부터 전공수업이 적성에 잘 맞지 않았다. 그래도 학점은 따야 해서 시험기간에는 나름대로 열심히 공부했다. 그러나 이 전공을 살려 사회에 나가 직업으로 삼고 싶지 않아서 시험기간 외에는 전공 책을 본다거나 공부를 아예 소홀했다. 그 시간에 오히려 토익 점수나 올리기 위해 영어 공부와 다른 분야 자격증 취득에 매달렸다. 결국 그렇게 준비하여 지원했던 회사는 다 떨어지고, 결국 생계가 급하게 되어 울며 겨자 먹기로 전공을 살려 취업을 하게 되었다.

회사에 들어가서 7살 연상의 사수와 한팀이 되어 일하게 되었다. 전공공부를 등한시한 결과로 다른 동기나 선배들보다 알고 있는 지식도 많지 않았다. 그러다 보니 처음 3~4달간 사수가 일을 지시하거나 물어보면 배경지식이 약하다 보니 엉뚱한 대답만 하고, 작업지시도 이해를 못 해 실수의 연발이었다. 일할 때 매 순간순간이 실수할까 미리 긴장하여 한 번 가르쳐주었던 업무도 인지를 못 하고, 계속 실수만 연발하다 상사에게 매일 몇 번씩 혼났다. 학교에 다녔을 때나 취업하고 일을 하고 있을 때나 나는 이 전공이, 이 업무가 맞지 않는 점에 대해서만 불만을 쏟아냈다. 그것을 고치기 위해 노력해본다는 생각은 전혀 하지 않았다. 전공이 적성에 맞지 않았는데, 어쩔 수 없이 생계를 위해 전공과 관련된 회사에 와서 일하는 것이 처음부터 마음에 들지 않은 내 마음가짐이 문제였다. 3달 정도를 이 문제로 고민하다가 어차피 들어온 거 열심히 해 보고, 원래 처음부터 잘하는 사람은 없다고 생각을 바꾸기로 했다. 그리고 일을 하면서 전공에 대한 책도 더 찾아서 공부하고, 업무는 차차 손에 익숙해질 거라는 희망을 품고 업무에 임했다. 그렇게 1년을 보냈더니 어느덧 내가 했던 고민은 지나가고, 엔지니어의 첫발을 시작할 수 있었다.

그렇게 일에 한창 재미를 느껴 업무에 매진할 무렵, 첫 회사의 상황이 갑자기 나빠지기 시작했다. 몇 달 동안 급여가 밀리기 시작해서 먹고 사는 생활이 어려울 정도였다. 또 이젠 업무가 아닌 먹고 사는 문제, 생계가 위협받는 상황이 고민되었다. 또 상황이 좋지 않은 쪽으로 흘러갔다. 뾰족한 수가 없어 몇 달 동안 급여도 못 받고 참으면서 일은 계속 유지했다. 이 문제로 스트레스가 심하다 보니 원형탈모까지 생기고 마음고생이 심하던 시기였다. 그러던 어느 날 갑자기 사수의 추천으로 다른 회사에 이직하게 되어 문제가 해결되었다.

나는 지금도 전공을 살린 직업으로 아직도 일하고 있다. 위에 말했던 사례가 일하는 10년 동안 3~4번 또 반복되었다. 그때마다 또 절망에 빠져서 스트레스도 받기도 하고, 그 안에서 또 희망을 찾기 위해 방법을 찾아보는 날의 연속이었다. 몇 번의 경험으로 얻은 것은 아무리 절망적이고 힘든 상황이라도 벗어날 수 있는 희망은 있다는 점이다. 인생에 나쁜 순간은 언제나 있고, 또 그 속에 문제 해결을 위한 희망도 같이 공존한다는 사실이다.

몇 년 전 나와 같은 설계회사 일을 하다가 고된 업무에 지쳐 그만두고 새로운 길을 찾아 나선 친구가 있다. 이후 장사를 한다는 소식을 접하고, 이제 사장님 소리 들으면서 네 가게가 생겨 좋겠다면서 축하 인사도 건넸다. 이후 장사가 몇 달은 잘된다는 소식을 접하다 갑자기 어느 순간 연락이 뜸해졌다. 약 1년 반 정도 연락이 되지 않다가 어느 날 밤, 술에 취한 친구에게 전화가 왔다. 목소리가 매우 힘들어 보여 괜찮으냐는 내 질문에 친구가 하는 말이

"사실 많이 알아보지 않고 창업을 했고, 또 아는 지인과 동업을 하게 되었어. 수익은 투자한 비율대로 서로 나누기로 했고 처음 몇 달은 지인과 같이 의기투합이 잘되어 쏠쏠하게 잘 되었는데, 이후 경기불황이 심하다 보니 장사도 되지 않고 빚만 늘어가게 됐어. 아이들과 아내는 나만 쳐다보고 있는데, 아이들 교육비, 은행 대출금, 생활비 등을 어떻게 감당해야 할지 고민이고 남편 노릇. 부모 노릇 못하고 사는 거 같아 정말 괴롭네. 결국 더 나빠지기 전에 문 닫고, 다시 직장에 들어가 보려고 한다." 하며 한숨을 내쉬었다.

그 말을 듣고 있는 나도 친구보단 약간 나은 상황일 뿐이지 비교해 봐야 오십보백보라 무의미했다. 그냥 듣고만 있으면서 힘들어하는 친구 말을 듣는 것 외에는 뭐라 해줄 말이 따로 없었다.

친구는 정말 다 버리고 여행이라도 가고 싶지만, 아직 어린 자식들과 아내가 처한 현실을 외면할 수 없어 이러지도 저러지도 못하고 있다. 정말 답답하다고 한다.

미국의 유명한 심리학자로 성공했으며 또한 자기계발작가로 불리

는 '웨인다이어'는 이 세상에는 오리형과 독수리형의 두 종류의 사람이 있다"고 했다. 오리는 온종일 하는 일 없이 꽥꽥거리며 온갖 시끄러운 소리를 내고, 독수리는 묵묵히 자기 일을 하면서 하늘 위로 높이 날아다니며 자기만의 삶을 살기 위해 희망을 품는다고 한다. 지금 당신은 스스로 볼 때 오리형인가? 아니면 독수리형에 가까운가?

사실 나도 지금도 오리형에 가까운 사람이다. 집이나 직장에서나 아무것도 아닌 일로 불평한다. 하지만 꿈을 찾아서 무엇이라도 해야겠다는 마음을 먹고, 독수리형 인간처럼 되기 위해 열심히 노력하고 있다. 독수리형 인간도 어떻게 보면 자기만의 모멘텀을 찾아서 그 방향대로 가는 유형에 해당할 것이다. 얼마 전에 위에 언급했던 친구와 다시 통화하면서 "아무리 힘들어도 다시 마음 고쳐먹고 희망을 품고 묵묵히 살다 보면 잘 되겠지."라고 서로 위로하면서 다시 한 번 힘을 내기로 했다.

췌장암 말기 진단을 받고 죽기 전 마지막 강의로 사람들을 울렸던 랜디 포시 교수는 "절망 또는 역경은 우리를 몰아내기 위해서 존재하는 것이 아닙니다. 절망 또는 역경은 우리가 무엇인가를 얼마나 간절히 원하는지 깨달을 기회를 주기 위해 있는 것입니다."라고 했다. 그리스 신화에 신을 속인 죄로 바위를 산정상에 밀어 올리고 아침이 되면 다시 바위가 굴러떨어져 매일 반복되는 형벌을 받는 시시포스란 왕이 있다. 우리의 인생이 시시포스의 형벌에 빗대어 많이 표현하곤 한다.

시시포스의 형벌과 아무리 힘든 상황에서도 자신만의 모멘텀으로 길을 찾고 끝까지 버틴다면 지금보단 조금은 더 나은 인생이 있지 않을까?

현재 2535세대 중 대부분이 정말 날고 기는 스펙을 만들고, 실력을 갖췄지만, 자기에게 맞는 일자리를 찾지 못하는 경우가 많다. 취업이 힘드니 창업을 준비하는 2535도 갈수록 많아지는 추세다. 취업이 안 되는 절망적인 상황을 창업이라는 희망으로 바꾸기 위한 도전을 하고 있다. 취업이 되지 않는다고 또 창업했는데 잘 안 된다고 절망하지도 말고, 원망하지 마라. 아직 39살인 필자도 2535 이 시기 10년 동안 여러 번의 이직, 끝없는 생계 위협을 받는 상황에서도 나름대로 희망을 품고 앞으로 나아가기 위해 필사적으로 노력하고 있다. 2535 시기는 이제 인생을 출발하는 시작점에 불과하다. 현재 미래가 불투명하고 막막한 절망이더라도 희망은 있다. 앞으로 수명 100세 시대에 살아갈 날이 많이 남은 만큼 자기만의 모멘텀을 찾아서 피하지 말고 무엇이든지 도전해야 한다.

2-3

/

경치가 바뀌면 길을 찾을 수 있다

/

대학 1학년 시절 유스호스텔이란 여행동아리에서 1년 동안 활동을 한 적이 있다. 한 달에 한 번씩 전국 유명한 곳을 회원들끼리 여행을 가는 것이 주 활동이었다. 이때 매년 크게 준비하여 가는 행사로 여름에 제주도 일주와 가을 지리산 등반이 있었다. 우리나라 산에서도 높기로 유명한 지리산은 해발 1,916m로 다른 산과 달리 하루에 등반이 어렵다. 적어도 2박 3일 일정으로 가야 정상인 천왕봉까지 갈 수 있다. 그전까지 산이라고 동네 근처인 관악산 정도만 부모님을 따라서 가본 게 고작이었다. 등산 횟수도 손에 꼽을 정도여서 지리산 등반을 앞두고 긴장했다. 철저하게 준비 후 노고단 코스로 올라가 중간 산장에서 1박을 하고, 새벽에 천왕봉에 올라가 일출을 보았다. 그리고 다시 뱀사골 쪽으로 내려오는 코스를 택하였던 기억이 있다.

처음에 노고단 쪽으로 등반 시작 시 초행길이다 보니 앞서가는 선배들만 따라가면서 올라갔다. 그러다 잠깐 다리에 쥐가 나서 쉰다고 앉아 있었는데, 그걸 못 본 선배들은 벌써 올라가고 보이지 않았다. 좀 괜찮아진 걸 확인한 나는 얼른 뒤쫓아 갔지만, 길을 잘못 들고 말았다. 선배들도 보이지 않고, 불안한 마음에 무조건 앞으로 난 길만 찾아 걸었다. 그렇게 30분을 걸었는데 자꾸 이상한 길로 빠지는 기분이었다. 마음은 점점 더 불안해져 갔지만, 우선 지도를 꺼내 내가 어디쯤 있는지 한번 보기로 했다. 대충 눈짐작으로 위치를 확인 후 원래 루트와 비교하여 보니 다시 되돌아갈 길이 하나가 아니라 몇 개가 보였다. 지도에 표시된 가장 가까운 루트를 확인 후 지도를 들고 다시 되돌아가기 시작했다. 그렇게 다시 30분을 걷다 보니 선배들이 나를 애타게 찾는 걸 소리가 들렸다. 만나서 혼나긴 했지만, 산에 올라가는 길은 여러 길이 있어 어떻게든 다 만난다는 규칙을 알게 되었다.

천왕봉까지 갔다가 등산을 마치고 나서 보니 지리산도 내가 안 간 루트가 대부분이었다. 산이라는 것이 동서남북 어디든 길만 나 있다면 올라갈 수 있다. 다만 서쪽으로 올라갈 때 길이 안 좋다면 다시 다른 쪽으로 올라가면 그만이다. 길은 때와 장소에 따라 상황에 맞게 바꾸어 올라가면 된다. 인생도 산에 올라가는 길과 비슷하다고 본다. 너무 한곳만 보고 올라가면 잘될 확률도 높지만, 언젠간 지치고 무리하게 된다. 한곳만 올라가면 바라보는 경치도 딱 정해져 있다. 조금만 바꾸어 다른 방향으로 올라가면 다른 경치도 보고 새로운 길이 보일 것이다.

2년 전 지금 회사로 입사하게 된 것은 그 전에 해오던 설계일에 지친 이유였다. 일주일 내내 계속되는 야간근무는 기본이고, 가끔 밤을 새워야 하는 일도 다반사였다. 물론 이 일이 재미있을 때는 그런 사항도 감수하고 다녔다. 그러나 힘든 노동강도에 비해 얻는 보람은 적어지고, 그에 따른 보상도 합당치 않았다. 또 내가 좋아하지만 나와는 잘 맞지 않는 업이라고 생각하고, 매일 반복되는 고정된 틀에 갇혀 살아가는 것이 괴로웠다. 또 24시간 중 14시간 이상을 회사에서 보내다 보니 다른 준비할 시간도 없었다. 그저 정시에 끝나지 않더라도 저녁 있는 삶을 원하게 되고, 이쪽 일도 그리 오래 할 수는 없을 거 같다는 생각에 과감히 결단한 것이다. 다른 2535들이 보면 정말 배부르고 행복한 고민처럼 보일 수도 있을 것이다. 취업도 안 되는데 이러한 생활조차 하고 싶은데 쉽지가 않으니 말이다. 그래도 가족이 있어 생활은 해야 하니 회사는 다니면서 퇴근 후에는 독서 등 자기계발에 열중하기로 마음먹고 바로 실천해 옮겼다. 지금 이 책을 쓰고 있는 지금도 퇴근 후 자기계발로 볼 수 있다. 산에 올라갈 때 좋은 길 하나로 처음부터 잘 올라가면 쭉 끝까지 갈 수 있을 것이다. 나는 처음 올라가는 길이 그리 좋은 길이 아니다 보니 나 스스로 좋은 길을 찾거나 만들어서 나아가고 있다.

조경애 작가의 〈관점을 바꾸면 인생이 달라진다〉에서 이렇게 서술하고 있다.

"대부분의 사람들은 신체가 감옥에 있다고 생각하면 답답해서 견딜 수 없을 것이다. 매일같이 빠삐용처럼 탈출하는 꿈을 꾸는데, 의식이 우물안에 갇혀 있는데도 빠져나올 생각을 하지 않는다. 그렇게 틀에 갇혀 생각하니 의식도 좁아지고 인생도 답답할 수밖에 없다. 그런 사람들은 현재 자신이 처한 상황에서 새로운 도전을 생각하지 못한다. 시도만 하면 얼마든지 개선될 수 있는데도 자신의 틀을 깨지 못하는 것이다. 도전하지 않으면 인생은 성장을 멈출 것이다. 성장이 정지된 이후의 인생은 점점 퇴화하여 죽은 인생을 사는 것이나 마찬가지다. 조금만 생각해보면 지금 도전하지 않는 것이 오히려 미래에 더 큰 위험을 초래하는 것을 알 수 있다."

즉, 한 곳만 보지 말고 보는 관점을 바꾸어 바라보는 경치가 바뀐다면 새로운 길을 찾을 수 있다는 표현과 일맥상통하다 본다. 내가 계속 주장하는 자신만의 모멘텀을 찾아 기존 자신의 틀에서 벗어나 새로운 나로의 도전을 계속 해야 한다는 것이다. 자신만의 생각을 조금만 바꿀 수 있다면 얼마든지 좋은 방향으로 나아갈 수 있다.

내 아내는 결혼 전에 나와 같은 도시계획을 전공하여 지역계획 전문회사에서 일했었다. 아내 역시 매일 계속되는 야근, 출장 등으로 인해 일에 대한 회의감이 들었으나, 마땅한 대안이 없어 몇 년 동안 계속 일을 해야만 했다. 그에 따른 스트레스도 많았고, 가끔 답답한 이 상황을 벗어나길 원했다. 그러다 결혼하고 큰 애를 가지면서 우선 일을 그만두게 되었고, 내가 다닌 회사가 어렵다 보니 다시 일을 시작하게 되었다. 기존 일이 아닌 다른 일을 선택하였는데, 대학 시절 학원에서 아이들을 가르쳤던 경험이 있었다. 이때 그녀는 자신만의 생각을 바꿔 방과 후 교사를 1년 정도 하였다. 그러나 교사도 시간제다 보니 계약이 종료되면 계속 일을 할 수 없었다. 아내는 다시 자신만의 모멘텀을 가지고 무엇을 해야 좋을지 고민을 계속한 끝에 네트워크 마케팅 사업을 최근 시작하였다. 본인이 처한 상황에서 고민만 하지 않고 25살에 직장인을 시작으로 주부, 교사, 사업가로의 자기만의 확실한 사고로 새로운 도전을 거듭하고 있는 그녀에게 난 많은 것을 배우고 있다. 현재 아내 나이 35살이다.

전쟁 시절 포로로 잡혔으나, 대부분의 포로가 슬픔에 잠겨 있을 때 위기를 기회로 삼아 글을 썼던 중세시절 작가 세르반테스! 그는 포로 시절 의식주 해결이 되는 것에 오히려 기뻐하면서 글을 쓰기 시작해 〈돈키호테〉를 완성할 수 있었다고 한다. 당신이라면 포로로 잡혔을 때 그런 생각을 할 수 있겠는가?

많은 2535들이 현재에 충실하게 살아가고 있지만, 막연히 "나도 공무원, 대기업에 취직하고 싶어." "나도 부유하게 살고 싶어" 하면서 먼저 들어간 친구들을 부러워하거나 질투하는 사람도 있을 것이다. 나조차도 아직 공무원, 대기업에 들어간 친구들이 사실 부럽다. 그들이 그렇게 열심히 준비할 때 나는 단지 내가 처한 환경 탓만 하고, 아무것도 하지 않았다. 지금 와서 생각해 볼 때 아무리 힘든 상황이라도 생각을 조금만 바꿔서 다른 길을 찾았다면 조금은 더 나은 인생이 되지 않았을까 생각이다. 지금 취업, 결혼 등 인생에 힘든 시기를 걷고 있는 당신이라면 생각을 좀 더 크게, 자유롭게, 여유롭게 바꿀 수 있는 넓은 마음이 필요하다. 자기만의 모멘텀을 찾아 기존 사고의 틀을 깨서 새롭고 올바른 길을 찾아낼 수 있는 노력도 중요하다.

⋮

2535여!
산길을 한곳으로 올라가다 힘들면 다시 경치를 바꿔서 새로운 길로
갈 수 있는 것처럼 자기만의 모멘텀으로
기존 부정적인 사고의 틀을 깨 보자!
그래서 새로운 길을 찾으면 그쪽으로 가면 된다.

⋮

2-4

/

시도하지 않으면
아무것도 이루어질 수 없다

/

초등학교 5학년 체육 시간, 한창 구름사다리를 건너는 실습시간이었다. 내 키보다 1.5배는 높은 기구로 친구들은 올라가서 잘 건너가는 모습을 한 사람은 주저하다 결국 무서워서 뒤에 빠져 구경만 하고 있었다. 선생님은 옆에서 "천천히 하면 잘할 수 있어!"라고 하시며 격려를 해 주시지만, 그 아이는 홀로 아무것도 하지 않고 가만히 서 있다가 울어버렸다. 건너간 친구들은 그 모습을 보고 남자애가 저걸 하나 못해서 저러고 있다고 놀려댔다.

21살에 운전면허를 따기 위해 등록했던 운전면허학원! 첫날 코스 실습을 위해 강사와 함께 처음 차에 올라탔다. 차에 타서 시동을 걸고 첫 코스인 언덕코스에 진입했다. 올라가다 클러치를 잘 못 밟아서 시동이 꺼져버렸다. 그렇게 몇 번 꺼지고 겨우 언덕을 넘은 후 교차로에 진입하는 두 번째 코스에서 그만 과도한 핸들조작으로 마주 오던 연습차량과 사고가 날 뻔했다. 다행히 부딪히지 않았으나 그 트라우마로 도저히 운전은 못 하겠다고 강사에게 말한 후 바로 학원비는 환불받았다. 한동안 운전면허 딸 생각은 하지 못했던 사내가 있었다.

대학 신입생 시절 입학 이후 얼마 안 된 시점 전공수업시간에 청순한 과 동기를 보고 빠지게 되었다. 그녀와 친해지기 위해서 어떻게 해야 할까? 라는 생각만 하다가 학기 끝날 때까지 가끔 수업 관련 내용 대화로 몇 마디 나눈 게 끝이었다. 바보같이 고백도 못 해보고 짝사랑의 열병만 가득 안고 끙끙대는 남자가 있었다.

고등학교 시절 야간자율학습 시간에 공부가 너무 하기 싫었다. 가끔 친구들과 몰래 밖에 나가서 술을 마시면서 음주문화를 배우게 되었다. 그로부터 30대 중반까지 스트레스를 풀기 위해 또는 좋은 일을 축하하는 명목 등 온갖 사유를 붙여 종종 지인들과 술을 마셨다. 가끔 폭음으로 인한 블랙아웃(일시적 기억 상실)으로 사고도 치고, 안 좋은 습관이 늘어나게 되었다. 이 사실을 인지하고 금주(또는 절주)하자 다짐해 놓고, 어느샌가 저녁이 되면 술잔을 들고 망각하고 마시고 있는 남자가 있다.

위의 사례에 열거된 인물은 필자 본인이다. 어릴 때부터 생각이 많고 겁도 많았다. 무엇인가를 하기 위해서 시도보단 늘 두려움에 앞서거나 생각이 많아 시도조차 하지 않은 일이 더 많았다. '난 안될 거야, 해봤자 안될 게 뻔한데 안 하는 게 낫지.' 이런 생각이 머리 전체로 가득 차 버려 지레짐작 포기했다.

사실 부모님께서 어릴 때부터 말씀하신 충고 중에 하나가 "뭐든지 해보고 나서 후회를 해도 해라. 안 해본 건 네가 하지 않은 거니 신경 쓰지 마라!"였다. 즉 경험의 중요성을 말해주는 것인데, 이 간단하고도 중요한 명제를 알고 있으면서 진지하게 깨닫게 된 건 정말 몇 년이 되지 않았다.

위의 사례 중 구름사다리는 결국 그 뒤로 한 번 시도했는데 그 두려움에 한 발짝 옮기다가 떨어졌다. 운전면허는 그래도 필요하다 생각하여 몇 번의 시도 끝에 결국 획득을 하게 되었다. 짝사랑했던 그녀에게는 20살 청춘의 마음으로 그래도 고백은 해보자 하여 편지와 선물을 몰래 전달했지만 거절당했다. 이제 다른 남자의 아내가 된 그 친구와는 아직까지 친구로 연락은 하고 지내고 있다. 마지막 음주에 대한 습관은 올 초부터 자제하여 정말 필요한 자리가 아니면 안 마시는 걸로 시도하고 있다. 4가지 사례 모두 다시 시도해 보니 결과가 성공이나 실패이나를 떠나서 어쨌든 결과가 눈에 보이게 되었다. 거기서 멈추고 아무것도 하지 않았다면 어떤 결과도 일어나지 않았을 것이다. 사실 지금도 나는 새로 시작하는 과제나 프로젝트, 업무 등을 접하게 되면 두려움부터 앞선다. 하지만 사회생활을 하고 나서부터 이 과제, 프로젝트, 업무 등이 어떻게 진행되고 결과가 나오는지 알기 위해서는 어떻게든 부딪히고 시도해 보는 중이다. 그렇게 경험을 해봐야 그게 좋은지 나쁜지도 알 수 있고, 다음에 같은 것을 하게 될 때는 한번 해 봤으니 지난번보다 수월하게 할 수 있다고 믿게 되었다.

세계적인 동기부여 및 자기계발작가, 사업가로 유명한 지그지글러의 〈시도하지 않으면 아무것도 할 수 없다〉에서 이렇게 언급하고 있다.
"대다수의 사람은 재능을 부정하는 것이 편하다고 한다. 대부분 사람이 자신의 재능을 발휘하지 못하는 4가지 이유가 있다.
첫 번째 이유는 "부정하는 마음"으로 사람들은 자신 스스로 더는 보여줄 것이 없어 다른 사람들을 설득할 수 없다고 한다. 두 번째는 '망설임'이다. 사람들은 존재하지도 않는 미래의 언젠가 섬에서나 그 재능을 보여줄 거라 하고, 내일이란 자신의 재능을 보여줄 기회를 피하기 위한 가장 큰 핑계이다. 세 번째 이유는 "두려움"이다. 대부분의 평범한 사람들은 실패해 보는 것이 얼마나 중요한지 모른다. 무엇이든 '안전하게'만 하려고 든다. 그런데 그것보다 더 안 좋은 건 절대 하려 들지도 않는다는 점이다. 사람들이 재능을 계발하지 않는 마지막 이유는 '무책임감'이라고 생각한다. 사람들은 자신의 실패를 자신의 잘못이 아닌 다른 것, 혹은 다른 사람들의 탓으로 돌리는 데 익숙하여 그렇게 생각하는 것이 오히려 편하다고 생각한다. 앞으로 인생을 살아가다 당신이 듣게 될 가장 슬픈 말 중 이런 것이 있을 수 있을 수 있습니다. '그땐 그렇게 했었더라면…' 라고"

 자신의 재능을 계발하는 일이든, 무슨 일을 새로 시작하든, 또 어떤 일에 대해 문제가 발생했든지 간에 지금부터라도 어떻게든 시도하여 실행해야 무슨 일이든 일어난다. 지금 당신은 어떤가? 아직도 생각만 하다가 시간을 허비할 것인가? 지금이라도 하고 싶은 작은 일이라도 시도하고 실행하라. 그러면 그 행위가 눈에 보이기 때문에 무엇인가 진행되고 있다는 느낌이 들 것이다. 만약에 취업을 하거나 이직을 생각하고 있다면 당장에라도 취업사이트나 자신이 속한 커뮤니티 구인·구직 광고란 등을 검색부터 시작해라. 일단 검색했으면 찾고자 하는 회사를 찾는 게 다음 일일 것이다. 이렇게 시도를 하게 되면 무슨 일이든 다음 단계에는 무엇을 해야 할지 명확하므로 마지막엔 성공이든 실패든 결국 결과는 남게 된다. 이때도 중요한 것은 결국 자기가 자기 인생의 주인이 되는 것이 첫째요, 그에 따른 책임감과 자기만의 모멘텀을 가지고 나아가는 것이 두 번째 포인트가 되겠다.

 나는 현재 여러 번의 이직 끝에 작은 개발회사에서 일하고 있다. 예전부터 알고 지내던 사장님께서 같이 한 번 일 해보자 하여 오게 되어 근무하고 있으나, 현재도 회사 사정은 별로 좋지 않아 언제까지 일할 수 있을지가 늘 고민이다. 그래서 이 상황을 타개하고 앞으로 어떻게 살아야 할지 스스로 고민하고 답을 찾아보았다. 어릴 때부터 책을 좋아했던 나는 추후에 내 이름으로 된 책을 한 번 꼭 써야겠다라는 꿈이 있었다. 이 꿈을 통해 내 인생 2막을 화려하게 펼칠 수 있다면 당장에라도 해봐야겠다고 생각이 들어 책 쓰기 수업을 듣고, 현재 이 책을 집필하고 있다. 아마도 계속 생각만 하고 나중에 잘되면 써야지 하다간 영영 못 썼을 것이다. 책 쓰기를 하고 있는 지금 이 시도가 나에겐 가장 큰 의미가 있다.

지금도 취업을 위해, 결혼을 위해, 자기만의 성공을 위해 많은 2535들이 매일매일 열심히 뛰고 있을 것이다. 물론 그 안에서 무엇인가를 하려는데 두렵거나 망설여지거나 걱정이 되거나 할 것이다. 그러나 우선 그것도 시도하고 실행이 선행되어야 무엇인가가 이루어지는 것이기 때문에 자신만의 모멘텀으로 계속 밀어붙이는 것이 중요하다. '지그 지글러'의 유명한 명언대로 정말 시도하지 않으면 아무것도 일어나지 않고, 이루어질 수 없다.

∙

나중에 그때 그렇게라도 해볼 걸 후회하지 말고,
작은 것이라도 무엇이든지 시도해보자!!

∙

2-5

/

인생의 보는 관점을 바꾸면 돌파구가 보인다

/

현재 내가 하고 있는 일 중 하나는 어떤 부동산을 개발 전에 그 개발이 가능한지에 대해 여러 사항을 검토하여 알려주는 일이 있다. 소유하고 있는 토지를 개발하고 싶어하는 분이 나에게 그 주소를 알려주고 개발할 수 있는지 요청을 할 때가 있다. 그 토지에 대한 주소를 받으면 우선 그 토지가 가진 속성, 규제사항 등을 확인해 보는 작업을 시작으로 한다. 그런 다음 그 토지에 대한 여러 정보를 정리 후 어떤 개발로 가야 수익이 많이 남을 수 있는지 개발방식을 정해야 한다. 개발방식이 정해지면 그에 따른 관련 법규, 지침을 검토하여 실제 인허가 진행 방향, 사업성 분석 등 세부 검토를 통하여 최종적으로 개발방안이 결정된다.

대리 시절 처음 이런 검토 업무를 의뢰받았을 때 나는 오로지 그 토지가 가지고 있는 규제사항을 가지고 검토를 하였다. 그러다 보니 검토결과를 상사에게 보고하면 한 상사분께서 나무라시면서 앞으로 일에 대해 이런 충고를 해주셨다.

"한정된 관점에서만 보고 검토를 하게 되면 개발이 안 되는 토지에 대해서는 무조건 안 된다고 하나의 결과만 도출되므로 그런 검토는 추후 발주처에 아무런 도움이 되지 못하는 하나의 필요없는 서류 중 하나밖에 되지 않는다. 시간이 좀 걸리더라고 여러 관점에서 검토가 이루어져야 신뢰도 높아지고, 좀 더 정확한 검토서가 될 것이다"

어떤 토지를 분석할 때 그 토지만이 가진 원래 가치와 규제사항에서 보는 관점, 현재 우리나라에서 추진하고 있는 여러 정책에 부합 한지에 대한 정책적인 관점, 개발 후 정말로 사업성이 있는지 돈을 기준으로 보는 관점 등 여러 관점에서 검토가 이루어진다. 난 그중 한 가지 관점에서만 일을 바라보았으니 어쩌다 간단한 토지의 경우는 검토결과가 한 관점에서는 끝날 수 있었다. 그러나 좀 더 큰 개발이 필요한 토지나 여러 속성이 섞인 대규모 토지에 대해서는 한 가지 관점으로 검토하는 것이 불가능했다. 이후 나는 상사의 충고대로 사무실에 기존에 했던 여러 잘된 검토서를 수집하고, 관련 서적들을 사서 공부하면서 토지 검토 시 나름대로 여러 관점에서 보는 연습을 틈틈이 했다.

지금도 노력하고 있으며 예전보단 많이 나아졌다는 걸 느낀다.

　인생살이도 그랬다. 아직 인생을 그렇게 오래 살지 않았지만, 지금까지 어떤 일을 추진하거나 해야 한다고 마음을 먹게 되면 내가 가지고 있던 한정된 관점에서만 바라보았다. 특히 어떤 문제나 어려운 일이 생길 시 늘 부정적인 관점에서 먼저 바라보는 습관이 있었다. 회사에 다니고 있지만 급여체불이 빈번하다 보니 또 언제 회사가 망할지, 이번 달은 제대로 나올지 늘 불안했다. 또 잘되고 있는 상황에서도 앞으로도 계속 잘 될지 안 될지 이런 생각이 끊이지 않았다. 실제로 이런 생각을 가지고 다니다 보니 될 일도 더 안되어 몇 번의 퇴직과 이직을 반복했고, 한 직장에서 적응하는 것이 어려웠다. 이에 따른 우울증과 스트레스성 장염 등으로 며칠을 고생했다. 이런 상황이 너무 심하다 보니 정신과에서 가서 상담을 받아본 적도 있다. 정신과 의사와 상담하면서 내가 한정되고 부정적인 관점을 가지고 된 계기를 발견하게 되었다. 어릴 때부터 나는 초등학교 때부터 공부를 곧 잘하여 집안 내에서 부모님이나 친척들에게는 집안 자랑거리였다. 서울대학교에 꼭 가서 집안을 빛내야 한다고 귀에 못이 박이도록 명절 내내 그 소리를 들었다. 그 소리가 학창시절 내내 스트레스였지만, 그래도 어린 나이에 고등학교 3학년이 될 때까지 그 기대에 부응하기 위해 나름대로 공부를 열심히 했다. 하지만 중·고등학교 시절에 공부한 만큼 기대는 신통치 않았고, 나는 그런 친척들이 보기 싫어 결혼 전까지 명절에 인사도 드리지 않았다.

지금 만나는 초등학교 친구들이나 주변 지인을 보면 학창시절 공부를 나보다 못했지만, 오히려 사회에 나와서는 더 승승장구하고 있다. 사회생활하면서 예전에 나를 아는 지인들을 보면 급여가 밀리는 직장을 다니거나 실직했다고 하면 공부 잘했던 네가 왜 그리됐느냐는 시선도 꽤 많이 받았다. 늘 공부를 잘해야 하는 부담감에 무언가에 쫓기듯이 살아야 했다. 또 그에 따른 자존심도 강하다 보니 결과가 나와야 하는데 그러질 못하니 혼자 상처받고, 그걸 인정을 못 했다. 또 나와 비슷하거나 못했던 친구들이 현재는 더 잘된 걸 가지고 비교하다 보니 자꾸 내가 초라해지다 보니 더 견디기 힘들었다. 결국 지금 상황을 이렇게 만든 건 나 자신의 의식부족과 부정적인 마인드 때문이라는 결론이었다.

아하코칭센터 김온양 대표는 인생에 대한 관점에 대해 이렇게 진술하고 있다.

"세상을 어떻게 보느냐에 따라 해석이 달라진다. 해석이 달라지면 느낌이 달라지고 행동도 달라진다. 그러므로 관점은 태도를 결정한다. 즉 삶을 바라보는 마음가짐이 결정되고 이에 따라 삶의 방식과 인생의 질이 달라지는 것이다. 만약 세상을 부정적인 관점으로 바라보는 사람에게 삶이란 언제 힘든 일이 불어 닥칠지 모르는 불안의 나날이고 고난의 연속이다. 설령 모든 일이 잘되고 있어도 언젠간 불행이 찾아올 것이라며 미래에 대한 걱정과 염려에 휩싸여 살게 된다. 그래서 강박증, 우울증 및 심한 스트레스에 시달릴 수밖에 없고, 부정적인 관점은 부정적인 감정을 만든다. 반면 긍정적인 관점으로 세상을 바라보는 사람에게 있어서 삶이란, 성공과 실패, 희망과 좌절, 기쁨과 슬픔 등이 함께 공존하기 때문에 자신이 어떻게 환경에 반응하느냐에 따른 선택의 결과로 인생이 달라진다고 믿는다."

필자는 앞서 그런 한정되고 부정적인 관점을 바꿔보기 위해 2013년 여름부터 2년 동안 수십 권의 자기계발서, 에세이, 인문학 책등을 미친 듯이 읽어나갔다. 먼저 내 의식을 바꾸어 어려움이 있더라도 긍정적인 사고로 참고 견디면서 해결해가야겠다고 다짐했다. 현실적인 관점에서 시야를 넓게 보고 가진 지식이나 가치를 활용할 수 있는 다양한 일을 찾기로 했다. 또 여러 관점에서 내 인생을 분석하여 당장 현실적인 어려움을 해결할 수 있는 단기적인 방안을 찾아보려고 하고 있다. 또 장기적인 관점에선 현재 이 책 쓰기를 통하여 자기계발작가와 동기 부여가를 위한 퍼스널 브랜딩에 도전하고 있다. 관점을 달리 생각하니 인생의 여러 길이 보이기 시작했다. 보는 관점을 바꿔 보는 것도 자기만의 모멘텀을 확고하게 찾아 나갈 수 있는 하나의 방법이 될 수 있다.

공병호 박사는 이러한 인생의 관점에 대해 "10년 전 일기장에 적어놓았던 2010년 목표 매출액을 이미 달성했습니다. 마지막까지 나를 지켜주는 것은 '자기경영' 입니다. 사람들이 새로운 길을 걸을 때 실패하는 가장 큰 이유는 바로 스스로 무너지기 때문입니다. 자신만 무너지지 않는다면 살길은 반드시 있습니다. 초조, 불안, 두려움 등은 인생을 살아가는데 정말 나쁜 것입니다. 자기사업을 하는 이는 항상 두렵지만 스스로 극복해 나가야 합니다." 라고 역설하고 있다.

당신의 현재 관점은 어떤가? 잘되고 있는 것 같지만, 세상이 불안하니 앞으로 잘 될 수 있을지, 또 어떻게 나락으로 떨어지진 않을지 그런 관점으로 세상을 바라보고 있는가?

많은 2535들이 지금 현실이 힘들고 불안해도 나름대로 다들 좋은 관점에서 바라보고 열심히 살아가는 사람도 많을 것이다. 그러나 여전히 현재 관점에서 노력하지 않고 찬란한 미래를 기다리는 것은 멍청한 짓이다. 자기만의 모멘텀을 가지고 설령 몇 번 실패하더라도 보는 관점을 달리한다면 분명히 길은 있다. 꼭 사회가 만들어놓은 기준에 부합하지 않아도 좋다. 2535들이여, 지금이라도 자기가 좋아하는 일이 있거나 잘하고 싶은 일이 있다면 작더라도 자기만의 모멘텀으로 여러 관점으로 분석하여 바로 실행해 보기 바란다. 필자는 인생에는 한가지 길만이 있는 것은 아니라고 느낀다. 인생을 보는 관점을 몇 번씩 바꾸어 노력하면 반드시 좋은 결과가 있을 것이다. 관점을 바꾸고 우직하게 나아가자. 포기만 하지 말고!

2-6

/

방황해도 괜찮아,
지금 다시 찾아가는 중이야!

/

사회생활을 시작한 지 만 10년이 조금 넘어간다. 대학 졸업 후 작은 설계회사에서 사회생활을 시작한 나는 출근 첫주부터 바쁜 업무에 보조로 투입되어 야근하게 되었다. 설계업종 특성상 야간근무는 기본이고 밤샘작업이라 하는 철야근무도 종종 했었다. 이전 학생일 때는 시간에 제약사항이 없어 내가 하고 싶은 취미나 공부 등을 정해놓고 할 수 있었다. 그러나 회사에서 근무하고부터 내 개인 생활은 아예 없어지고, 오로지 출퇴근 이외에 집에서는 숙식만 해결하면서 일만 하게 되었다. 그러다 보니 심신이 지쳐 매일 피곤했고, 일에 대한 스트레스로 예민해졌다. 직원들 대부분이 그렇게 생활하다 보니 스트레스를 풀 유일한 방법은 술자리였다. 야근하다가 화나는데 나가서 한잔할까 하는 상사의 한마디에 술을 좋아했던 나는 무조건 참석하여 스트레스를 풀곤 했다. 한 잔 술에 그날 하루에 있었던 모든 시름을 날려버리고, 왁자지껄한 술자리 분위기에서 상사, 동료들과의 허심탄회한 대화로 그동안 쌓았던 앙금 등을 풀 수 있었다. 이런 생활이 하다 보니 재미있고, 일주일 3~4회 정도는 친구, 동료들과 술자리를 가져 취할 때까지 마시고 유흥에 빠져 지내는 날이 대부분이었다. 난 앞으로의 내 인생에 대해 심각하게 고민해 볼 시간도 없이 집에 가면 피곤해서 곯아 떨어지는 날이 많아졌다.

나름대로 이 생활도 익숙해지니 난 사회생활이 낮에는 이렇게 일하고, 저녁에는 나름대로 사람들과 만나 회포도 풀고 하는 이런 소소한 일상이 좋았다. 사실 일을 하면서도 나는 이 생활이 나에게 맞는 것인지 고민하였다. 전공은 했지만, 적성에 맞지 않는다고 생각하여 일에 크게 집중도 하지 않으면서 27살의 나는 혼자 방황했다. 그러나 일에 조금씩 재미를 붙이고 퇴근, 야근 후의 술을 먹는 일상 속에 내 방황했던 마음, 고민도 나만의 업무 처리를 통해 또는 상사의 대화를 통해 길을 다시 찾아가다 보니 지금까지 이 일을 계속하고 있는 것 같다.

부모님이 맞벌이로 한창 바쁜 시절에 친구들과 어울려 다니면서 술 마시고 남자들과 어울려 다니면서 속을 썩이는 고등학생 여자가 있었다. 학교에서 칠공주 파로 소문이 나서 선생님들께 매일 혼나고, 뭐라고 하는 부모님과 오빠의 말을 듣지 않았다. 혼자 무슨 문제가 있었는지 말은 하지 않고 친구들과 어울려 다니며 유흥에 빠져 방황하고 다닌 그녀… 결국 대학진학에도 실패하면서, 사회생활을 시작하게 되었다. 2001년 당시 가장 유망직종이었던 애견미용사로 출발했던 그녀는 사회생활을 통해 조금씩 인생에 철이 들기 시작했다.

   10년이 지난 지금은 애견미용사에서 쇼핑몰 MD로 전직에 성공한 직장인으로, 또 부모님께는 물질적으로 효도하고 있는 그녀, 일찍 이것저것 방황을 많이 해보니 어떤 길로 가는 것이 보이고 거기에 매진했다는 말이 잊히지 않는다. 그녀는 바로 내 하나뿐인 35살 된 여동생이다. 공부를 잘하는 오빠와 매일 비교당하며 부모님과 학교에서 혼나고 무시당하는 여동생은 그 상처로 사춘기 시절에 방황을 많이 했다. 하지만 그녀는 그 많았던 방황이 오히려 인생에 도움이 되었다는 말에 인생에서 올바른 길, 즉 자신만의 모멘텀을 찾기 위해선 방황이라는 것이 절대 나쁘지만은 않다고 이야기한다. 오히려 늦게 방황하고 있는 나에게 지금은 그녀만의 조언을 아끼지 않고, 아내와 더불어 나에겐 가장 가까운 상담을 요청할 수 있는 존재가 되었다.

   명절 때마다 만나는 큰집 사촌 형님의 아들 나와 나이 차이는 8살 정도로 크게 나지 않는다. 이 친구도 어릴 때 공부를 곧잘 하다가 사춘기 시절에 집안 기대가 부담되어 친구들과 어울려 밤늦게 다니면서 공부를 등한시하게 되었다. 결국 원하지 않는 대학에 들어갔다가 다시 재수, 삼수를 거듭하는 등 오랜 시간을 꽤 인생에 대해 원망하면서 방황했다. 군대를 다녀오면서 다시 마음을 다잡아 26살 나이에 수능시험에 재도전한 그는 현재 한 의과대학에서 재활의학을 공부하고 있다. 지금은 조금 늦었기 때문에 나이 어린 후배들과 경쟁하면서 그 누구보다 열심히 공부하면서 자기 미래를 준비하고 있다. 30살이 된 그는 졸업반이다. 명절이나 가끔 통화로 인생에 대해서 서로 조언을 하고 상의도 하는 사이다. 얼마 전 설날에 그가 했던 이야기다.

"삼촌, 나는 오히려 어릴 때 친구들하고 술도 많이 먹고, 여자도 많이 만나보고, 여행도 많이 가고… 이것저것 많이 해봤던 거 같아. 물론 그 시기가 정신적으로 방황하는 시기는 맞지만, 아마 그 시기가 없었으면 다시 이렇게 공부가 재미있어질 거라고는 생각 못 했을 거야."

평범하게 살아오다 늦은 방황을 했던 나에게 그의 말 한마디가 많은 도움이 되고 있다.

미국의 22대 대통령인 그로버 클리블랜드는 장로교 성직자 집안에서 태어났다. 어릴 때부터 성직자 집안 분위기가 싫어서 질이 좋지 않은 친구와 어울려 다니며 술, 담배도 하고 과일 등을 훔쳤다고 한다. 그러던 집에 돌아오니 어머니가 방황하는 자신을 위해 매일 기도한다는 사실을 알게 된다. 그 후 무리에서 나와 열심히 노력하여 변호사가 되었고, 그 친구는 살인죄로 사형을 받게 되었다. 변호사로 명성을 얻은 그는 각고의 노력 끝에 대통령이 되었다.

보통 사람들은 방황하는 것을 나쁘다고 여긴다. 어려서부터 무엇인가 확실하고 안정적인 환경에서 살아가는데 익숙해져 있고, 그런 상태를 지속해서 추구하도록 훈련된 탓이다. 무언가를 하는 데 있어서 불안한 상태를 참지 못하는 게 가장 크다. 또 성공 또는 실패라는 두 가지 결과에만 익숙하여 다른 대안을 생각지 못하기 때문에 방황은 필요악이라 생각한다. 쉽게 말하면 인생이 그 자체가 불안하고 예측이 안 되는 상황이 많은데, 그것을 용납을 못 하므로 항상 자기가 만들어 놓은 길로 가야 하는 습성 때문에 방황에 대해 나쁘다고 말한다는 것이다. 당신은 방황에 대해 어떻게 생각하는가? 방황해야만 길을 찾는 것은 아니지만, 그래도 필자는 자기만의 모멘텀을 찾기 위해서 방황은 어느 정도 필요하다고 생각한다.

독일의 유명한 철학자인 레베카 라인하르트는 그가 쓴 〈방황의 기술〉이란 책에서 이 불안하고 불확실한 세상에서 방황하는 행동을 '기술'로 보자는 새로운 시각을 주장하고 있다.

그는 이 책에서 자발적인 여행을 '방황'이라 부르고 있다. 낯선 상황, 예측할 수 없는 것들과의 만남을 통해서만 이 세계에서 우리가 있는 자리가 어디인지 말해주고자 한다. 무엇인가 예상되지 않은 상황에 방황을 통해 자신이 무엇을 원하는지 새롭게 깨닫게 된다는 것이다. 라인하르트는 '불확실성=불안=방황=무한한 가능성'으로 정의하면서 방황을 하면서 자기 자신을 찾아가는 과정이 반복된다고 보았다.

아직도 많은 2535들이 방황을 하면서도 방황 자체를 두려워한다. 스스로 방황한다고 믿는 순간 어떻게든 그 문제나 상황을 해결하기 위해 빠르게 판단하고 해답을 찾아 나서려고만 한다.

이 불안한 시대에 자기가 가고자 하는 방향을 잃으면 자기는 엄청나게 뒤처진 것처럼 판단한다. 또 다른 대안은 선택하는 것이 두렵고 커다란 모험이자 위기라고 여긴다. 또 많은 2535들은 "자기가 해야만 하는 것"과 "하고 싶은 것" 사이에서 갈등하고 방황하는 경우가 많다. 당장 대학을 졸업하여 취업해야 하는 현실과 정말 하고 싶었던 무엇인가에 꿈 사이에서 진짜로 내가 해야 하는 것은 무엇인지 갈등할지도 모른다.

필자도 그랬다. 하기 싫었지만 해야만 했던 직업을 택해 열심히 달려오면서 하고 싶었던 강연가, 책 쓰기 꿈을 이루고 싶어 몇 년 동안 고민하고 방황했다. 결국 현재 하고 싶었던 책 쓰기와 해야만 하는 일을 병행하기로 마음을 먹고 나서 그 기나긴 방황을 끝냈다.

방황은 나를 알아가는 또 다른 질문이고, 모멘텀을 찾아가는 과정이다. 자기만의 인생 팬덤을 더 넓힐 수 있는 그 불확실성에 다가가는 노력일 것이다. 방황해도 괜찮다. 자기만의 모멘텀을 가지고만 있다면, 그것이 조금 늦더라도 나만의 성공적인 인생 레시피를 만들어가는 과정일 수 있으니, 방황하면서 끊임없이 자기만의 모멘텀으로 자신만의 길을 만들어가는 연습을 해 보자!

Chapter 3

2535!
자신만의 모멘텀을 찾아라

/
\
/
\

질풍노도를 멈추게 한 '책 읽기'
1m만! 조금만 더 해보자
여행! 어디로든 떠나보자!
중독(술, 게임, 도박 등) No! 좋은 취미 Yes!
진정으로 하고 싶은 것을 적고 바로 움직여라!
명상, 기도를 통한 마음을 비워라! (부제 : 감정 다스리기)

\

\

2535 여러분도 조금만 더 해보자.
어떤 일이든 마지막으로 조금 더 해보는 것은 자기가 생각했던 고지가
눈앞에 보이기 때문에 힘을 낼 수 있다.
한 번만 더 내딛는 후에 마무리하는 습관을 지니는 것이 중요하다.

3-1

질풍노도를 멈추게 한 '책 읽기'

어린 시절부터 책을 좋아했던 나는 특히 역사소설과 판타지소설을 좋아했다. 역사소설은 한국사, 세계사를 가리지 않고 탐독했는데, 그 중에서도 위, 촉, 오 삼국 일대기를 다룬 삼국지를 가장 좋아했다. 어릴 때 만화로 먼저 접한 이후 중학교 2학년 시절 아버지께서 생일선물로 사주신 이문열 삼국지 10권은 지금까지 수십 번 넘게 읽었다. 삼국지에 나오는 다양한 인물들을 보면서 인생을 조금씩 알게 되었다. 또 지금까지 만나오고 겪은 사람들을 삼국지 인물들과 비교하여 각각에 맞게 대응하는 버릇도 생겼다.

판타지 소설은 어릴 때 '레고 성 시리즈'를 가지고 놀면서 중세시대에 나오는 기사, 용, 엘프, 난쟁이 등을 좋아하게 되어 읽기 시작했다. 세상에는 존재하지 않아 상상력에 나오는 인물들을 책을 읽으면서 혼자만의 공상에 빠지는 일이 너무 즐거웠다. 만화책도 좋아하여 여러 장르의 책을 가끔 사거나 빌려 보면서 주인공처럼 따라 해보기도 했다. 어릴 때 이런 독서를 통해 나는 상상력의 나래도 펼쳐보고, 사고력 증가에 큰 도움이 되었다.

중고등학교 시절엔 공부하느라 바빴지만 그래도 틈틈이 시간을 내어 책을 읽었다. 대학에 들어오고 나서부터 술 마시고 친구들과 매일 노느라 시험 볼 때 전공서적을 보는 것 이외에는 멀리하게 되었다. 원래는 도서관에 있는 책은 졸업 전까지 다 읽겠다는 목표가 있었는데, 정작 졸업까지 읽은 책은 10권 내외였으니 부끄러운 일이다. 직장에 들어오고 사회생활을 시작하고 나서도 계속되는 일과 회식, 야근 등으로 하루를 보냈다. 그러다 보니 책과 보내는 시간은 거의 없어지고, 가끔 책을 사더라도 한두 장 읽고 책장에 놔두기 일쑤였다.

그러다 경제불황의 여파로 첫 회사의 파산을 시작으로 여러 번의 이직을 반복하다 35살 되던 해 구조조정까지 당하게 되었다. 그 후유증으로 집안 경제는 상황이 악화하여 생활고까지 겪게 되었다. 이 시기에 가장으로서 책임을 다하지 못한 괴로움에 이중삼중으로 고통을 겪었다. 그 결과로 우울증에 의한 두통, 스트레스로 인한 장염이 심해졌다. 집사람에게도 도움이 되지 못한 죄책감에 정말 미안했다.

그러나 계속 이렇게 살다간 정말 죽겠다는 생각이 들어 정신을 가다듬고 이 문제를 극복하려는 방법을 심사숙고해보았다. 며칠 동안 스스로 고민하고 지인들께 상담도 받으면서 얻은 결론은 '어릴 때 독서를 통한 기쁨을 다시 한 번 찾고, 어려울 때 책을 보면 길이 보인다. 몰입 독서를 통해 나 자신을 한 번 더 돌아보면서 천천히 답을 구해보자'는 것이었다. 그때부터 서점과 도서관을 통해 2013년 여름부터 2년간 독서를 지속했다.

그때 읽었던 책들이 〈성공하는 점심형 인간〉, 〈새벽 내 인생의 가장 소중한 시간〉 등과 〈1인 기업이 갑이다〉, 〈이젠, 책쓰기다〉, 〈서른과 마흔 사이〉 등 수십 권의 자기계발서였다. 이 책들을 몇 번씩 반복해서 읽으면서 나를 다시 한 번 돌아보고 앞으로 인생을 어떤 방향으로 나아가야 할지에 대한 답을 찾으려고 노력했다. 그렇게 지독하게 책을 읽으면서 내 마음에 위안이 되거나 도움이 되는 문구는 형광펜으로 밑줄까지 치고 몇 번이고 되뇌면서 암기했다. 그리고 바로 생활에 도움이 되는지 실행해 보기도 했다.

결국 지금 상황을 이렇게 만든 건 나 자신의 의식부족과 부정적인 마인드 때문이라는 결론이었다. 먼저 내 의식을 확장하여 어려움이 있더라도 긍정적인 사고로 참고 견디면서 해결해가야겠다고 다짐했다. 현실적인 관점에서 시야를 넓게 보고 가진 지식이나 가치를 활용할 수 있는 다양한 일을 찾기로 했다. 무엇보다도 가장 중요한 건 아무리 힘들더라도 꿈을 가지고 현실에 충실하면서 노력하면서 가치 있는 삶을 추구해야 한다는 것이었다. 조금씩 다시 자신감을 회복하면서 나만의 모멘텀을 다시 재정립했다. 작은 일이라도 생각이 들면 바로 실행하고, 문제가 생기면 직접 몸으로 부딪히면서 해결해 나간다는 결심을 하였다.

〈나는 도서관에서 기적을 만났다〉의 김병완 작가도 독서를 통해 인생이 달라졌다고 책에서 전달하고 있다. 잘 나가는 직장을 그만두고 지친 자신을 찾기 위해 3년간 도서관에서 살다시피 하며 1만여 권에 이르는 책을 읽었다고 한다. 이 독서를 통해 의식이 변화되었고 세상을 바라보는 자신을 바라보고 향하는 인식이 바뀌어 삶이 변화되고 인생이 바뀌었다고 저자는 말하고 있다. 스스로 이것을 목적으로 독서를 시작한 것은 아니었으나, 독서를 통해 의식의 변화가 이루어졌고, 그러한 독서를 통한 의식의 확장은 역사적으로 성공한 사람들의 공통점이라고 설명하고 있다. 내 주위나 수십 권의 자기계발서에도 자기를 돌아보고 의식을 바꿀 수 있는 가장 쉬운 방법이 책 읽기, 즉 독서를 통한 자기반성과 실행이라고 한다. 어떤 역경을 이겨내고 성공했던 사람들을 보면 어떻게든 책을 가까이하고, 그것을 읽어 자기만의 방식으로 적용하여 삶을 변화시키려고 노력했다.

"독서가 정신에 미치는 효과는 운동이 신체에 미치는 효과와 같다" (리처드 스틸), "좋은 책을 읽는 것은 과거 몇 세기의 가장 훌륭한 사람과 이야기를 나눈 것과 같다."(데카르트), "그 사람의 인격은 그가 읽은 책으로 알 수 있다."(새뮤얼 스마일즈) 등의 수많은 위인도 독서의 중요성을 강조하고 있다.

지금 현재 힘든 일에 직면해 있는가? 아니면 무슨 일을 하고 있지만 헤매고 있다고 생각하는가? 이런 상황에서 자기만의 모멘텀을 찾기 위해 필자는 세 가지 방법으로 책과 먼저 가까이할 기회를 많이 가져보라고 권유하고 싶다.

첫 번째로 책과 친하지 않더라도 의식적으로라도 근처 도서관이나 서점에 가서 자기가 보고 싶은 책 한 권을 들어서 표지나 목차라도 한 번 훑어봐라! 그리고 서평까지 읽어보면 웬만한 사람들은 그 자리에서 독서를 시작할 수 있다. 나도 다시 책을 보려고 했을 때는 청량리역 영풍문고와 집 근처 도서관에 일주일에 3~4일은 매일 같은 시각에 방문했다. 주로 자기계발 코너에 가서 눈에 띄는 책을 골라 그 자리에서 몇 시간이고 읽었다. 다 읽지 못하면 사거나 빌려서 의식적으로 그날 끝까지 읽으려고 노력했다. 두 번째로 책은 자기와 현재 비슷한 소재를 선택하여 골라서 읽어보는 것이 좋다. 자신의 상황에 잘 맞고 가까운 내용일수록 집중도 잘 되고 지루하지 않아서 책이 주는 충고와 위로의 메시지에 공감할 수 있기 때문이다. 이 두 가지 방법으로 당신도 초기에 책과 가까워지는 연습을 해보는 것이 좋다.

마지막으로 책과 가까워졌다면 의식적으로 출퇴근 시, 쉬는 시간 등 자투리 시간 하루에 10~30분이라도 좋으니 독서를 습관화시켜라! 매일 책을 읽는 시간만큼은 몰입하고 집중하여 거기서 나만의 모멘텀으로 찾아낼 수 있는 것이 무엇인지 고민해보라! 혹시 책에서 읽은 내용을 잊어버릴까 봐 걱정되면 독서 노트를 작성해보는 것도 괜찮다. 필자도 독서 노트를 활용하여 괜찮은 문구나 느낀 점 등을 기록하고 있다.

2013년 e-서울통계를 보면 13세 이상 독서인구 비율은 69.3%로 나타났다. 독서인구 1인당 연평균 독서 권수는 19.3권으로 한 달에 1.6권으로 독서를 거의 하지 않는 것으로 나타났다. 스마트폰과 인터넷의 사용으로 점차 책을 보는 인구가 줄어들고 있다. 아마도 많은 2535들도 자기에게 필요한 업무 서적, 전공서적, 영어책 등이 아니면 거의 책을 보지 않으리라 생각된다. 나조차도 책을 멀리한 시기에는 스마트폰 게임, 영화 등으로 시간을 보냈다. 지금 생각해보면 책을 읽는 지금이 나에겐 훨씬 유익하다. 여러 자기계발서에 나와 있는 대로 닥치는 대로 책을 읽고 많이 읽으라고 하는 이야기가 아니다.

필자는 한 달에 한 권도 좋으니 우선은 책과 친해질 기회를 만들고 몰입하여 읽어봐라! 누구나 주변에 쉽게 접할 수 있는 책만큼 자기 인생을 변화시키기 위한 강력한 무기는 없다. 필자는 책을 통해서 나만의 모멘텀을 찾아서 나아가는 연습을 하고 있다. "내가 알고 싶은 것은 모두 책에 있다. 내가 읽지 않은 책을 찾아주는 사람이 바로 나의 가장 좋은 친구이다". 링컨 대통령의 명언대로 독서를 통한 의식변화로 자기만의 모멘텀을 찾아보자!

3-2

/

1m만! 조금만 더 해보자

/

"아니 이게 왜 틀렸는지 설명을 좀 해 주세요! 말씀하신 대로 수정했는데 어떡하란 이야기입니까?" 오늘도 그는 수행하고 있는 프로젝트 마감으로 밤새고 아침에 발주처 담당자와 회의 중에 결국 화를 참지 못했다. 발주처 담당자가 자꾸 지시사항을 이랬다저랬다 바꾸는 바람에 그동안 쌓였던 스트레스가 폭발한 것이다. 그전부터 이 담당자는 '갑'의 입장에서 "을"을 괴롭히는 방법을 잘 알고 있었다. 자꾸 회의시간에 맞추어 또 도면이나 서류를 수정시킨다거나 회의 시 맞게 수정한 내용을 또 뒤집어 그런 말 한 적 없다는 듯이 말을 바꾸는 행동을 해왔다. 덕분에 그는 그 발주처 담당자와의 회의 시 돌발상황에 대처하기 위한 준비를 철저하게 했다. 원래 하던 업무도 철저히 하면서 더불어 수정사항에 대해 확실하게 설명할 수 있는 자료를 추가로 만들었다. 그 담당자가 회의 시 발생하는 모든 상황을 시나리오로 짜서 답변을 만드는 시간만 해도 며칠밤을 새기 일쑤였다. 단지 이 프로젝트를 차질없이 끝내기 위해서 그 어려운 상황에도 그는 끊임없이 모르는 자료는 찾아보고 공부하면서 엄청난 노력을 기울였다. 그 결과로 담당자도 결국 그의 노력을 인정하고 말도 안 되는 요구는 하지 않게 되었다. 기한보다 빨리 프로젝트를 끝내서 발주처도 비용 절감이 되었다고 그를 칭찬하기 일색이었다. 그는 어떤 문제가 발생하거나 새로운 일을 착수 시에 모르는 상황이 발생하면 무조건 파고들고 그것을 알 때까지 밤을 새우며 노력했다. 자기만의 사업체를 차려 20년 동안 자리를 잡기 위해 고군분투하신 현재 내가 근무하고 있는 회사 대표님의 이야기다.

중요한 시험이 있다. 이 시험을 꼭 통과해야 당장은 아니지만, 앞으로 미래가 보장될 수도 있다. 이 시험을 통과하기 위해서는 정말 고시처럼 공부해야 겨우 붙는다. 계획을 세워서 처음에는 열심히 공부한다. 하루에 3시간 이상은 꼭 하겠다는 다짐을 하면서… 시간이 지날수록 일 때문에, 회식이 있어서 등의 핑계를 대고 공부를 하지 않는 날이 점점 많아진다. 시험이 일주일 남았다. 계획한 공부의 40%도 못 했다. 발등에 불이 떨어졌지만, 결국 시험 전날까지 벼락치기로 보지만 내용 정리는 잘 안 된다. 그리고 시험 당일 당연히 모르는 거투성이다. 끝까지 좀 더 해보자는 노력이 없으니 합격할 리가 없다. 이렇게 반복되는 것이 벌써 4번째다. 다른 사람 합격 수기에 끝까지 포기하지 말고 조금만 더 해 보면 합격한다는 이야기는 이미 머릿속에 알고 있다. 그런데 왜 자꾸 미루게 되고 조금만 더 못 하게 되는 것일까? 이 사례는 필자 본인 이야기다.

이 두 사례는 뭐든지 해보고 또 끝까지 최선을 다하다 보면 상황이 좋아지는데, 그렇지 못할 경우 실패하게 된다는 걸 보여주고 있다. 대부분 사람은 무엇이든 새롭고 자기가 접해보지 않은 일을 하거나 어떤 문제에 부딪히게 되면 지레짐작 겁부터 먹거나 두려워한다. 이것을 하여 어떤 결과가 나오는지 보이지 않기 때문에 섣불리 시도하지 못하고, 우선 걱정부터 하게 된다. 그리고 그 일을 착수하거나 문제를 해결하기 위해 시도한다 해도 남들이 하는 것만큼만 우선 해본다. 보통 남들이 하는 것만큼 해서 처리되는 일도 많지만, 그 정도 해서 안 되는 일도 있다. 여기서 필자는 한 가지만 제안해 보고자 한다. 어떤 일을 하더라도 본인이 생각했을 때 이 정도면 되겠다고 느꼈을 때 힘들고 귀찮지만 조금만 더 해보고 그만두는 건 어떨까? 물론 어떤 안되는 문제를 계속 붙잡고 있거나 하기 싫은 일을 더 하는 것만큼 힘든 일은 없을 것이다. 자기가 현재 좋다고 느낄 만큼 일의 능률이 올랐을 때 10분만 더, 1m만 더, 조금만 더 해 보고 마치는 습관을 지녀보자.

시험공부를 하면서 오늘 분량만큼 보았다면 1장 정도 더 보자. 어떤 보고서를 쓰고 있다면 보통 분량보다 1~2장 더 고민하여 만들어보자. 세일즈를 하고 있다면 한 사람만 더 만나보고 마무리하자.

처음에는 어려울 수 있다. 필자도 무엇인가를 착수하거나 일을 하면 이 정도면 괜찮겠지 하는 마음으로 대충 끝냈다. 아직 이 습관이 크게 고쳐지지 않았지만, 한번 안일하게 생각했다가 큰 낭패를 본 적이 있다. 지자체 고위직에 어떤 프로젝트에 대한 보고회가 있었다. 보고자료도 잘 만들었고, 보고회 준비도 순조롭게 잘 되었다. 보고회가 있던 당일 보고회를 잘 마치고, 질의응답 시간이 되었다. 순간 예상질의 응답서가 준비가 안 된 사실에 당황했고, 결국 질의 응답시간에 제대로 답변을 못 해 보고회는 절반의 성공으로 끝났다. 예상질의답변서를 만들지 않고도 보고자료 보고 대충 답변하면 될 거라고 안일하게 대처한 결과였다. 내가 조금만 더 고민하여 자료를 준비했어야 하는 자책만 남긴 꼴이 되었다.

얼마 전에 대학 동기에게서 중요한 시험에 몇 번 도전 끝에 합격했다는 소식을 전해 받았다. 분야는 다르지만, 시험 종류는 같아서 그에게 합격의 비결을 들었다. 처음 도전했을 때는 우선 남들 하는 것만큼 준비하면 될 거라는 생각으로 공부했다고 한다. 원래 실무도 잘했던 친구라 자기 실력을 믿고 조금만 공부하면 붙을 거로 생각했다. 그러나 2번 정도 시험에 떨어지고, 공부한 만큼 문제를 봐도 모르는 게 많다 보니 이렇게 준비하다간 평생 안 될 거 같다고 느꼈다고 한다. 그래서 평소에 처음 했던 공부보다 1장 더, 1시간만 더해보기로 하고, 그대로 실천하여 3개월 정도 했다고 한다. 결국 합격의 영광을 안고 당당하게 전문가로 인정을 받게 되었다. 친구의 합격 비결도 힘들지만 조금만 더 내딛는 습관이 큰 도움이 된 것으로 보인다. 나도 이 친구의 합격소식에 다음 시험 준비까진 조금만 더 하는 습관으로 합격의 문을 열어보려고 한다.

예전 미국 서부에 골드러시가 한창일 때였다. 금맥을 찾아 여기저기 사람들이 광산을 찾아다니며 일확천금을 노리고 있었다. 더비와 그의 숙부도 그런 무리 중의 사람이었다. 그들은 삽과 곡괭이만 가지고 땅을 파서 약간의 광맥을 발견하였다. 이거다 싶어 기계를 살 돈을 빌려 굴착기로 좀 더 깊게 파 보기로 했다. 그러나 시간이 지날수록 땅속을 들어가도 광맥을 발견되지 않자 그들은 포기하고 돌아갔다. 굴착기도 고물상에게 싼값에 다시 팔아넘겼다. 그 고물상이 더비가 파다 실패한 광산에 가서 전문적으로 조사했더니 1m만 더 파면 금광이 있다는 사실을 알았다. 고물상은 그 광맥을 발견하고 부자가 되었고, 더비는 그 소식을 듣고 엄청나게 후회했다고 한다. 그는 후에 보험회사 영업사원으로 일하게 되었는데, 이 경험을 가지고 1m만 더 해보자는 교훈을 얻었다. 1m만 더 해보자는 철학으로 고객이 처음에 거절하더라도 그 거절 1m 뒤에는 엄청난 금광이 기다리고 있다고 믿었다. 그 생각으로 일에 임하다 보니 큰 성공은 뒤따라오게 되었다고 더비는 말하고 있다.

2535 여러분도 조금만 더 해보자. 어떤 일이든 마지막으로 조금 더 해보는 것은 자기가 생각했던 고지가 눈앞에 보이기 때문에 힘을 낼 수 있다. 한 번만 더 내딛는 후에 마무리하는 습관을 지니는 것이 중요하다. "한 걸음 더 생각 속에는 무진장의 황금이 감추어져 있다."고 나폴레옹 힐도 이 점을 강조하고 있다. 이 습관을 조금씩 익히면서 포기하지 않고 시간이 쌓이다 보면 자기가 원하는 바에 조금 더 가까이 가지 않을까 한다. 모멘텀을 찾는 것, 인생의 변화를 간절히 원하는 2535라면 한 발짝만 더 가는 연습을 꼭 해보도록 한다.

:

한 발짝만 더,
1m만 더하다 보면 당신이 원하던 그 길이 뻗어 있고,
성공에 가까워짐을 느낄 수 있을 것이다.

:

3-3

/

여행,
어디로든 떠나보자!

/

　결혼하기 전 총각 시절은 매일 야근, 철야근무로 일에 치이고 가끔 퇴근 후 술 한잔 하거나 집에서 TV만 보던 일상의 연속이었다. 그러던 2005년 회사 프로젝트 사례조사로 일본에 가게 될 기회가 우연히 생기게 되었다. 회사 윗분과 동기, 나 이렇게 4명이 참석하고, 다른 건축사무소, 지자체 관계자 등 20명 정도가 가는 큰 규모의 사례조사였다. 이전까지 여행에 별 취미가 없던 나는 가족끼리도 어릴 때 제외하곤 같이 가본 기억이 없었다. 태어나서 처음 나가는 해외여행에 나도 모르게 설레었다. 4박 5일의 일정으로 교토, 히메지 역사관광, 유후인 온천관광으로 이어지는 코스로 정말 재미있게 다녀온 기억이 난다. 일본 음식도 코스로 원 없이 먹었다. 한국으로 돌아오는 비행기 안에서 더 머물고 싶다는 생각이 들 정도로 여행이 주는 즐거움과 아쉬움이 교차했다. 그동안 사정 안 좋은 첫 회사에서 사람들 다 나가고 남은 인원이 많은 일을 처리하느라 스트레스가 이만저만 아니었다. 여행을 다녀오면 인생을 보는 눈이 좀 넓어지고 생각도 정리된다고 하는데, 나도 조금은 느낄 수 있었다. 힘든 일상에 작은 보상을 받는 기분이었다. 또 지칠 때 여행을 가거나 바람을 쐬고 오면 새로운 기분으로 다시 일상을 시작할 수 있을 것 같은 생각이 들었다.

어려워진 회사를 뒤로하고 이직했다. 이번엔 새로운 직장에서 미혼 직원들끼리 유럽을 갈 기회가 주어졌다. 9박 10일 일정으로 이탈리아의 로마와 베네치아, 스위스의 루체른, 독일의 뮌헨, 퓌센, 프랑크푸르트로 이루어진 3개국 6개 도시를 가게 된 것이다. 대학 시절 유럽 배낭여행을 잠깐 가본 뒤로 정말 오랜만에 유럽으로 나가는 생각에 전날까지 잠을 설쳤다. 모든 여행이 그렇듯이 숙박시설에 짐을 풀고 가벼운 차림으로 하루 일정으로 관광하고 다시 돌아오는 패턴의 반복이었다. 하지만 로마의 아름다운 성당, 수상도시 베네치아의 아름다운 풍경, 정말 살고 싶은 생각이 들었던 공기 맑은 루체른, 맥주 축제로 온 동네가 시끄러웠던 뮌헨, 동화의 나라에 온 듯한 퓌센 등 여행하는 순간순간이 그저 나에겐 새롭고 기분 좋은 경험이었다. 아내와 연애 시절 갔던 제주도와 하와이 신혼여행이 길게 갔던 여행의 마지막이었다. 그 이후 힘들거나 생각할 일이 생기면 가까운 근교로 나가 여기저기 구경하면서 위로도 받고 생각을 정리하곤 했다.

2년 전 한창 책 읽기에 빠져 있을때 우연히 제목만 보고 들은 책이 있다. 최도성 저자의 〈일생에 한번은 이탈리아를 만나라〉라는 책으로 저자는 자기 인생의 변화를 찾기 위해 이탈리아 여행에서 본인이 직접 보고 겪은 이야기를 서술했다.

여기에 저자는 "나는 콩코드 마을에 매료되었다. 헨리 데이비드 소로(1817~1862)라는 인물 때문이었다. 그가 쓴 〈월든〉이란 책에 보면 다음과 같은 구절이 나온다. 나는 특히 이 구절을 마음속에 늘 새겨두고 있다. 나는 인생을 의도적으로 살고 싶어 숲을 찾았고, 인생의 본질적인 사실들과 대면하여 삶이 가르쳐주는 바를 배우고 죽음이 찾아왔을 때 '헛된 삶을 살지 않았구나' 라는 것을 깨닫기 위해 이곳에 왔다. 소로가 알려준 고독을 나는 여행에서 찾는다. 여행은 인생을 직접 변화시키지는 않아도 간접적으로는 상당한 변화를 가져다준다. 그런데 그 기회를 얻는다는 것이 쉽지 않기에 그것을 쟁취하려는 나의 인생은 늘 외롭고 힘들다. 하지만 이 인생을 변질이 아닌 변화시킨다는 확신 때문에 삶의 흐름을 거스르면서까지 종종 무모한 도전을 하곤 한다. 여행은 인생을 변화시키는 중요한 객체이다. 이것이 내가 여행을 하는 이유이다." 라고 인생을 바꾸거나 변화를 위해선 여행의 중요성을 설명해주고 있다.

나도 여행을 즐겨 하지 않지만, 현재 자기만의 인생이 잘 안 풀린다거나 힘들다면 무작정 어디라도 떠나보는 것도 나쁘지 않다 본다. 여행을 떠나서 자기를 한 번 되돌아보면서 해결책도 찾아보고 계획도 세워보며 재충전할 기회를 가지는 것이다. 우선 몸과 마음이 편해지니 객관적으로 자기를 판단할 수 있게 되고, 새로운 환경에 있으니 기분도 좋아져서 자기만의 모멘텀을 찾기도 수월할 것이다. 나는 인생의 변화를 찾기 위한 여행이라면 혼자 떠나는 걸 추천하고 싶다. 물론 여행의 묘미는 마음이 맞는 지인들이나 친구들과 같이 가서 서로 같이 어울리며 구경도 하고 노는 것일 수도 있다. 하지만 자기만의 모멘텀을 찾아 인생을 바꾸고 싶다면 누구의 방해도 없는 오롯이 혼자만의 여행이 되어야 한다. 혼자 가게 되면 천천히 자기만의 일정으로 움직이면서 시간에 구애받지 않고 자신만의 시간을 가질 수 있다. 관광지를 천천히 둘러볼 수도 있고, 커피숍에서 몇 시간이고 홀로 차 마시면서 어떤 문제에 대해 천천히 생각해 볼 수도 있다.

여러 해외 유명인사들도 우연한 기회에 또는 본인이 선택한 여행으로 인생을 바꾼 계기를 만든 사례는 많다. 쿠바의 전설적인 혁명영웅 체 게바라는 23살 젊은 시절 생화학자 친구인 알베르토와 함께 낡은 모터사이클 '포데로사'를 타고 안데스 산맥을 거쳐 라틴 아메리카를 여행을 시작하였다. 초기에는 학생 신분으로 나중엔 의사가 되어 가난, 기아, 질병 등에 시달리는 사람들을 보고 체험하면서 그들을 도와야겠다는 결심을 하게 된다. 결국 이 여행을 통해 모두가 잘사는 이상적인 사회를 만들고자 하는 본인만의 모멘텀을 찾게 되고, 추후 쿠바 혁명의 초석을 다지게 되었다.

미국의 작가 엘리자베스 길버트는 자기가 쓴 〈먹고 기도하고 사랑하라〉에서 남부럽지 않게 살던 작가가 현재 인생에 회의를 느껴 자기만의 모멘텀을 찾기 위한 여행을 시작한다. 이탈리아에 가서 먹는 즐거움을 위해 오로지 먹는다. 인도에 가서 자신의 내면을 보고 상처를 치유하기 위해 사람들을 만나 소통하면서 끊임없이 기도한다. 마지막으로 발리에서 원없이 사랑하고 싶어 새로운 남자를 만난다. 줄리아 로버츠 주연으로 영화로 소개되어 우리나라에서 방영되기도 했다.

허밍턴포스트US 블로거이자 트랙스플로러 사이트 라이언 오루크는 여행이 주는 교훈은 다음과 같다고 밝히고 있다.

"첫 번째로 상상했던 것보단 자신에게 훨씬 더 많은 능력이 있다. 여행을 다니면서 자신의 한계를 시험하고 새로운 환경에 적응하다 보면 자기가 몰랐던 능력을 알게 된다는 것이다. 두 번째로 어디에 살든 인간은 기본적으로 비슷한 욕구를 가지고 있어 서로를 위하고 배려하는 삶을 배우게 된다. 세 번째로 여행을 통해 시야가 넓어지니 이 세상에 자기가 얼마나 작은 존재인지 깨닫게 되어 겸손하게 만들어준다. 네 번째로 어느 인종에 대한 고정관념이 사라진다. 직접 여행을 통해 다양한 사람을 만나다 보면 그들도 같은 감정을 가진 사람이라고 느끼게 된다는 것이다. 마지막으로 자기도 어디에선가 작은 영향력이라도 발휘할 수 있는 사람이 될 수 있다는 점이다. 여행하다 보면 작은 행동이 모여 뜻깊은 큰 결과를 가져올 수 있다는 사실을 알게 되기 때문이다."

여행을 다녀오게 되면 누구라도 한 번쯤은 이런 생각을 가지고 되기 때문에 인생의 작은 변화를 가져올 수 있다고 오루크는 역설하고 있다.

요새 2535들은 여행을 좋아해 1년 단위로 열심히 일하고 그에 대한 보상으로 떠나는 사람도 많다. 여행의 목적이 고생했던 자기에 대한 보상도 좋고 인생의 전환점을 찾는 것도 좋다. 반복되는 일상에 찌들고 지금 인생의 변화가 필요하다면 잠시 멈추고 어디라도 혼자 떠나보라! 그냥 마음속에서 떠나고 싶은데 시간이 없다, 돈이 없다 등 고민만 하지 말고 가까운 근교라도 혼자 떠나보라! 혼자 드라이브를 해서 가도 좋고, 버스나 기차를 타고 풍경을 바라보며 무슨 방법이든 좋으니 우선 떠나는 것이 중요하다. 떠나고 나서는 현실에 있는 괴로움이나 고민은 잠시 잊고, 새로운 여행지를 보면서 자기를 천천히 되돌아보는 시간을 가져보자.

3-4

/

중독(술, 게임, 도박 등) No!
좋은 취미 Yes!

/

　이제야 정신이 든다. 일어나보려 하지만 몸은 천근만근이다. 잘 움직여지지도 않아 다시 누워버린다. 어제 술자리서 재미있게 놀다가 어떤 술 한잔에 기억을 잃은 거 같다. 집에 어떻게 들어왔는지, 또 같이 있던 지인들에게 무슨 실수는 한 것은 아닌지⋯ 머리가 복잡하다. 벌떡 일어나 가방에 핸드폰, 지갑 등은 잘 있는지 확인한다. 다행히 잘 있다. 확인했으니 좀 더 자야겠다. 그렇게 오후까지 시체놀이를 한다. 술을 좋아했던 나는 자주는 마시지 않았지만, 가끔 먹으면 이렇게 폭음하고 블랙아웃된 경험이 많다. 부끄러운 일이지만 술로 인한 사건·사고도 꽤 있다. 어릴 때부터 술자리를 좋아했다. 사람 만나는 것을 좋아하여 대학 시절부터 수업이 끝나면 무조건 약속을 잡고 사람을 만나 술을 마시곤 했다. 일주일에 3~4회는 기본으로 초등학교 동창, 고등학교 친구들, 대학 동창, 지인들을 돌아가면서 매일 술자리를 이어갔다. 이렇게 매일 술자리를 이어갔던 이유는 내 성격에서 그 원인을 찾을 수 있었다. 지금은 그렇지 않지만 어릴 때부터 무료함과 외로움이 너무 싫었고, 스트레스를 받거나 무슨 문제가 생기면 꼭 이야기해야 편해지는 습성이 있었다. 그러다 보니 어떤 누구라도 만나서 술 한잔 해야 기분이 좋아지고, 잠을 편하게 잘 수 있었다. 결혼 전에 몇 번의 실연, 일로 인한 스트레스 등을 풀기 위해 오로지 술자리만 전전했다.

27살~35살까지 나의 주된 일상은 이랬다. 일주일 스케줄을 그 전주에 미리 잡힌 모임, 약속, 일로 있는 접대, 회식 등이 있는 날을 제외하고 그 날 저녁에 약속이 없다고 하면 오후에 같이 마실 사람이 있는지 여기저기 연락을 해본다. 그러나 다들 바빠서 오늘은 힘들 거 같다고 답신이 오면, 기존에 가입한 카페에서 번개 모임이 있는지 확인해 본다. 그렇게 약속을 잡으면 기분이 좋아져 퇴근 후에 술자리를 가진다. 어느 주는 접대, 회식, 모임, 즉흥 약속으로 일주일 내내 술을 마신 적도 있다. 이렇게 술자리를 가지고 다음날 출근도 힘들다. 특히 많이 마신 날은 몸도 못 가눌 정도여서 진짜 금주해야지 다짐하기도 하지만, 몇 시간을 못 갔다. 술이란 것이 가볍게 먹고 자기 주량만큼 마시면서 즐겁게 이야기하면서 보낼 수 있다. 그러나 나는 내 스트레스를 풀기 위해, 술은 취하라고 마시기 위해, 좋은 일이 있으면 더 축하해야 한다는 등 이유를 붙여 내 주량 이상으로 마셨다. 그 결과로 술로 인해 발생한 문제는 심각했다. 회식 후에 넘어져서 눈 주위를 다친 적도 있고, 소지품을 다 잃어버린 적도 있었다. 택시에서 잠들어 택시기사가 경찰서 앞에 내려놓고 간 적도 있다. 술을 먹다 시비가 붙어 친구들끼리 싸운 적도 있다. 생각만 해도 부끄러운 일이다. 술이 깨고 나면 항상 후회하고, 기억이 안 나는 일에 대해 같이 마셨던 지인들에게 전화해서 물어보고 사과하는 일이 빈번했다.

그러다 작년에 이렇게 살면 안 되겠다 싶어 단주병원에 가서 알코올중독인지 상담과 검사를 진행했다. 결과는 알코올중독 초기였고, 이 술 때문에 우울증이나 부정적인 감정이 온 원인이라고 했다. 단지 내가 술 문제가 좀 좋지 않아 이제는 천천히 고쳐야겠다고 판단했지만, 이 정도로 심각할지 몰랐다. 결과를 듣고 큰 충격이었던 나는 이 중독에서 벗어나야 나와 내 주변이 편하겠다는 생각이 들어 당장 금주, 절주해야겠다고 결심했다. 올해부터 지금까지 약 1개월 정도 금주 생활을 이어오고 있다. 사실 나를 잘 아는 지인들은 이 술 문제로 인해 관계를 끊은 사람도 있고, 나와 술자리가 싫어서 연락을 잘 안 하게 된 사람도 있다. 지금 생각해보면 참 그 사람들에게도 피해를 많이 주었구나 하는 생각에 많이 미안하고 자신을 반성하게 되었다. 예전부터 문제가 생기면 회피하고 술만 먹으면서 사람들과 불평불만만 이야기하고 이전 직장이 싫으면 참지 못하고 이직하고, 이런 결과가 아직 내가 방황하고 우울증에 걸렸던 원인이라고 생각된다.

꼭 술이 아니더라도 주변을 보면 술, 담배, 여자, 도박 등 한 가지 중독으로 인해 패가망신하거나 몇 년째 자신을 피폐하게 만드는 사람들이 많다. 예전 아르바이트 시절 알고 지낸 형님도 사설 게임장에서 재미로 게임을 하다 자기도 모르게 중독이 되어 정선 카지노까지 가서 전 재산을 날리고 잠적했다. 워낙에 친했던 탓에 형님을 찾아보려 몇 년 동안 연락처를 수소문 끝에 만났다. 강원랜드 앞 쪽방에서 자취하고 있던 형님은 아직도 한탕주의를 버리지 못했다. 나도 스포츠 경기를 좋아하여 스포츠토토를 소액으로 자주 즐기곤 한다. 하지만 재미로 소소하게 할 뿐이지 거기에 모든 걸 올인하지 않는다. 중독과 취미의 차이는 종이 한 장 차이라고 필자는 본다. 취미는 자기가 감당할 수 있을 정도로 즐기는 것이고, 중독은 취미를 넘어 그 하나에 아주 미쳐서 앞뒤 분간 못 하고 저지르다 헤어나올 수 없는 상태라고 정의할 수 있다. 필리핀까지 가서 도박하다 거짓말로 변명하다 복귀하지 못한 S씨, 로리타 증후군으로 어린 여자만 좋아하다 결국 인생 망친 K씨 등 연예계에서 승승장구하다 중독으로 인생을 망친 사례는 정말 많다.

총각네 야채가게로 유명한 이영석 대표이사도 자신의 성공습관에 대해 자신이 쓴 〈인생에 변명하지 마라〉에서 "성공은 자기관리에서부터 시작된다. 내가 생각하는 자기관리의 덕목은 '절제'다. 놀고 싶을 때 참고 담배 피우고 싶을 때 참고 술 마시고 싶을 때 참고 절제해야 한다. 성공에 대한 절실함을 가지고 삶의 순간순간을 철저하게 절제해야 한다. 물론 취미며 인간관계며 무조건 끊으라는 건 아니다. 단지 총각네 친구들에게 강조하는 이유는 자신도 모르는 사이에 쓸데없이 어울려 다니며 인생을 허비하지 않길 바라는 마음이다. 지금 내가 다른 친구들보다 좀 더 여유로운 삶을 살 수 있는 이유는 단 한 가지밖에 없다. 철저하게 나를 절제했기 때문이다." 중독에서 벗어나 자기관리에 대한 중요성을 역설하고 있다.

물론 정말 독하게 성공하고 싶은 사람이 아니라면 저렇게까지 매일매일 자기관리를 할 필요는 없다고 필자는 생각한다. 그러나 주위를 봐도 어떤 분야에서 롱런하고 잘 유지하는 사람을 보면 자기관리에 철저하다. 내 친구 중에도 자기관리를 잘하는 친구들이 사회에서 자리를 잘 잡은 사례가 많다. 꼭 술, 담배, 도박 등을 다 안 하진 않지만, 하더라도 적정선에서 가끔 취미로 즐긴다. 나쁜 건 중독되는 것이다. 중독되어 자기 인생을 망치고 헤어나올 수 없다고 하면 그게 나쁜 것이다.

당신은 어떤가? 지금 술, 담배, 도박 등이 아니더라도 자기 인생을 망칠 수 있는 어떤 것에 중독되어 있지 않은가? 자기만의 인생에 대한 모멘텀을 찾고 변화하고 싶다면 우선 자기 생활부터 돌아보라! 자기관리라는 것이 거창한 게 아니다. 필자는 내 인생을 바꿀 수 있는 계기가 술을 줄이던지 끊는 것이 시작이라고 보았다. 그래서 올해 들어와서 정말 어쩔 수 없는 술자리를 제외하곤 과감하게 다 끊어버렸다. 퇴근 후에는 나를 위해 자기계발을 한다든가, 가족과의 시간을 더 보내던가 등으로 일상을 바꾸려고 노력했다. 술 생각이 나면 헬스장에 가서 운동하면서 그 생각을 날려버리는 연습을 하고 있다. 당신도 자기 생활을 점검하여 중독이라고 생각되는 행위는 과감하게 잘라버려라. 그리고 그것을 좋은 취미로 삼을 수 있는 것을 찾아 대신 시작해보는 건 어떨까? 이런 연습들이 습관이 되면 자연스럽게 좋은 인생이 만들어지게 될 수 있다고 생각한다. 꼭 성공하는 사람들처럼 자기를 극한까지 몰아서 지독하게 자기관리를 하라는 건 아니다. 인생이란 것이 좋게 선순환되어 흘러가는 것이 중요한 것이지, 꼭 성공하기 위해 철저한 자기관리를 하여야 한다는 것은 어불성설인 거 같다.

2535에게 중요한 건 앞으로 남은 자기만의 인생을 만들어가는 과정에서 나쁜 것은 과감하게 잘라버리는 용기와 좋은 것은 잘 취할 수 있는 선택의 문제이다. 지금까지 해왔던 나쁜 습관, 중독은 버리고 자기에게 맞는 좋은 취미를 찾는 것도 자기 인생의 모멘텀을 찾는 과정 중에 하나라고 생각된다. 지금 책을 덮고 내가 할 수 있는 것이 무엇인지 한번 고민해보고 실행해보자.

3-5

/

진정으로 하고 싶은 것을 적고
바로 움직여라!

/

"너의 진짜 꿈이 뭐니? 진짜 하고 싶은 게 뭔데?"

작년 연말 동창 모임 술자리에서 직장문제로 고민이 많아 내 하소연을 듣고 나선 물어본 친구의 질문이었다.

"그러게. 갑자기 물어보니 생각은 나지 않지만, 알잖아. 나 지금까지 돈에 욕심은 없었는데, 정말 돈 많이 벌고 싶다. 요샌"

그 질문에 대한 나의 답이었다. 그러자 친구는

"그건 너무 포괄적이고, 진짜 네가 하고 싶은 게 돈 벌려면 어떻게 무엇을 해서 벌건데? 지금도 월급 밀린다며? 다른데 이직해서 지속해서 받거나 사업할 거야? 구체적으로 진짜 하고 싶은 것부터 고민해봐라."

라고 오히려 화를 내며 충고를 했다. 그 친구는 현재 대학 졸업 후 자기가 목표한 대로 대기업에 취업하고 유학도 갔다 와서 다른 목표를 향해 정진하고 있는 친구다. 어려운 일 있을 때마다 나는 그에게 조언을 받고 했다. 그렇다. 나는 또 막연하게 그냥 돈 벌고 싶다고만 했지 진정으로 어떻게 해서 돈을 벌고 싶은지에 대한 고민은 없었다. 집에 돌아와서 정말 내가 원하고 하고 싶은 것이 무엇인지 고민하기 시작했다. 종이 한 장을 꺼내놓고 하고 싶은 것에 대해 쭉 적어보기 시작했다. 혹자는 이걸 버킷리스트라 하여 인생에서 죽기 전에 하고 싶은 목록을 적어 실행하는 것이라고 한다. 우선 인생 전체로 내가 하고 싶고 되고 싶은 것들을 적어가기 시작했다. 최고의 도시계획/부동산 컨설턴트 되기, 마야·잉카 유적지 다녀오기 등이 있었다. 10가지 정도 목록을 작성하고 그것을 바라보면서 과연 정말 내가 진정 원하는 것이 무엇일까 천천히 일주일 정도를 고민했다. 현실적인 직업과 내 꿈 사이에서 갈팡질팡하면서 내가 진정으로 하고 싶은 것은 이것이었다.

'후배 엔지니어 등 힘들고 지친 젊은 직장인들에게 같이 공감하고 그들의 진로를 돕고 동기 부여할 수 있는 자기계발작가, 강연가의 삶'

지금 같이 불안하고 어려운 시기에 언제까지 나도 직장생활을 할 수 있을지 고민하다 제2의 인생은 저렇게 살고 싶은 꿈을 가지게 되었다. 주변을 보면 내 또래 친구들, 후배들을 만나 보면 안정적인 회사,

공무원이 아닌 이상 일반 사기업에서 언제까지 다닐 수 있을지 불안한 미래에 걱정이 많다. 이런 문제를 같이 공감하고 도와줄 수 있는 그런 역할을 하고 싶어졌다. 그러면 이것을 이루기 위해 무엇을 먼저 시작해야 할지 다시 고민하기 시작했다. 다른 종이에 단계별로 정보를 찾아가며 적어보았다. 우선 자기만의 브랜드가 있어야 하는데, 이것을 위해선 책을 쓰는 것이 좋다고 나와 있었다. 보자마자 종이 위에 제일 크게 적고, 바로 책 쓰기를 하려면 어떻게 해야 하는지 찾아보았다. 그 중에 눈에 띄었던 것이 자주 가는 네이버 카페에서 찾은 책 쓰기 특강이 있었다. 날짜를 보니 가까운 날이 마침 있어 특강을 바로 수강했다. 특강 후 책 쓰기 아카데미에 들어가려 했으나, 경제적인 어려움이 있어 조금 미루게 되었다. 그러다가 올봄에 책 쓰기 아카데미 신청 후 지금 수업까지 마치고 원고를 쓰는 상태까지 왔다.

예전의 나는 하고 싶은 게 있었으면 그냥 생각에만 머무르고, 나중에 형편이 괜찮으면 해야지 이런 유형의 사람이었다. 예를 들어 항상 매년 1월 1일이 되면 술 끊어야지, 운동해야지 하고 결심은 한다. 그러나 머릿속으로 생각만 하고 행동을 바로 옮기지 않았다. 일이 바쁘니까, 아 지금은 헬스장 등록할 돈이 없어서 등 이런저런 핑계만 늘어놓다 정작 시간이 지나다 보면 아무것도 하지 못했다. 술도 3~4일 정도만 또 먹지 않다가 친구들이 오늘만 한잔하자란 유혹에 무너지고 마시게 되었다. 그러다 보니 매년 연말이 되면 하고 싶었던 것은 많은데 정작 이루어 놓은 것은 없었다. 지금까지 매년 이런 생활의 연속이었다. 하고 싶었던 것을 생각만 하고 행동을 하지 않으면 정말 아무것도 일어나지 않는다. 이럴 때 직접 종이에 적어서 잘 보이는 곳에 놓아두던지, 지갑이나 다이어리를 열 때마다 잘 보이는 자리에 붙여놓고 자주 확인하면 도움이 된다고 한다. 즉 시각화의 방법을 활용하여 자기가 정말 하고 싶은 것을 정했으면 종이에 적어 기억 후 바로 행동에 옮기는 것이 중요하다!

〈인생에 변명하지 마라〉의 저자이고 총각네 야채가게를 이끌면서 우리에게 성공 비법을 알려주고 있는 이영석 대표는 하고 싶은 바를 종이에 적고 시각화를 통해 여러 번 목표를 달성했다고 한다. 어려운 시절 트럭행상을 하면서 모은 돈으로 가게를 낸 이후 30살에 연봉 3억 받기, 35살에 35개의 야채가게 지점 만들기, 38살에 물류센터 만들기 등을 하고 싶은 목표로 정했다. 그것을 종이에 적어 지갑에 넣고 다니면서 바로 행동에 옮긴 결과 실제로 이 모든 목표를 이루었다. 이영석 대표는 "목표를 세웠다면 머릿속에만 담아두지 말고, 글로 써서 자신의 시선이 자주 머무는 곳에 둬라. 다이어리는 물론이고 핸드폰 바탕화면과 책상, 침대 밑에 목표를 적어두자. 이런저런 경로를 통해 하루에도 수십 번 목표를 보게 되면 저절로 자극을 받을 수 있다. 이럴 때 목표의 시각화는 나태해진 마음을 다스리는 가장 좋은 방법이 된다." 라고 하면서 하고 싶은 바를 이루겠다는 것만 생각하고 바로 행동에 옮기라고 역설한다.

내가 일하고 있는 분야에서도 기술사 시험에 합격했던 선배, 친구들을 보면 언제까지 합격하겠다고 하는 날짜를 적어서 자기 책상에 붙여서 계속 시각화하면서 노력했다고 한다. 정말 그 날짜 전에 합격하신 분도 있고, 그 날짜에 합격한 사람도 있다. 그 목표를 이루기 위해 바로 행동에 옮기고 노력한 것이 밑바탕이 되었지만, 이렇게 적어서 계속 보는 것만으로도 상당한 효과를 준다고 한다. 세계적인 경영학자인 짐 콜린스도 〈좋은 기업을 넘어 위대한 기업으로〉란 책에서 어떤 기업이 정말 위대한 기업이 되는 조건으로 미션과 사명을 정하여 그것을 적어서 붙여놓고 반복적으로 기억했던 기업은 성공했다고 설명하고 있다.

당신은 어떤가? 아직도 하고 싶은 것이 있는데 생각에만 머무르고 나중에 해야지 또 핑계를 대고 있지 않은가? 지금 당장 종이 한 장을 펼쳐놓고 자기가 하고 싶은 것이 무엇이 있는지 고민해보고 적어봐라. 전문가마다 작성방법도 자세하게 알려주는 분도 있다. 필자가 자주 쓰는 방법은 다음과 같다. 첫째로 우선 자기가 평생 하고 싶은 목록을 다 적어보자. 개수는 상관없다. 종이 한 장, 앞뒤로 다 채워도 좋다. 그런데 너무 많이 적으면 추리기 어려우니 30개 정도 선에서 정리하는 것이 개인적으로 추천한다. 다 적었다면 두 번째로 단계별로 하고 싶은 것을 다시 정리하는 것이다. 1년 내, 3년 내, 5년 내, 10년 내 등으로 단기, 장기적인 계획을 보고 재분류 하는 것이다. 재분류가 끝났다면 세 번째로 하고 싶은 것에 대해 구체적으로 이루려는 방안을 써 보자. 그리고 방안까지 나왔다면 마지막으로 잘 보이는 곳에 보관하여 시각화한 후 바로 당장 가능한 방안부터 실행해라. 시작이 반이라고 했다. 필자도 기술사 시험 준비 시나 책 쓰기 도전할 때 바로 쓰고 시각화 한후 학원에 바로 등록하여 수업을 듣는 것부터 시작했다. 물론 두 개 다 아직 이루지 못했지만, 아직 진행 중이니 언젠가는 꼭 이루지 않을까 싶다.

 이렇게 하고 싶은 것을 종이에 적어서 몇 번이고 바라보고 인지하면서 행동으로 옮긴다면 당신의 인생도 조금씩 달라지지 않을까 한다. 필자도 아직 이루어가는 중이다.

:

자신의 인생을 바꾸는

모멘텀을 찾는 또 하나의 방법,

하고 싶은 것을 쓰고 시각화하고 행동하는 일이다.

:

3-6

명상, 기도을 통해 마음을 비워라!
(부제 : 감정 다스리기)

"야, 너 진짜 그따위로 일할 거야? 왜 이렇게 한 것인지 설명을 해봐. 왜 내가 하라는 데로 안 하느냐!!!"

"처음에 지시한 대로 작성했고요. 중간에 혹시나 제가 못 알아들었을까 봐 한 번 더 팀장님께 체크를 받았는데, 기억이 안 나십니까?"

"야! 네가 언제 중간에 보고했냐? 내가 하라는 대로 하긴 뭘 해!"

대리 시절에 언제나 일을 하고 나서 팀장님께 보고를 드릴 때마다 종종 일어났던 상황이다. 팀장님은 화가 나면 자기감정이 컨트롤이 되지 않았다. 뭔가가 잘못되면 소리부터 버럭 지르고, 남의 말은 듣지 않고 자기 할 말만 했다. 사람인지라 한두 번 화가 나서 막말하거나 뭐라고 할 수는 있다. 그러나 매번 업무 보고할 때마다 저런 식이라, 나도 몇 번 감정적으로 맞받아치면서 대들기도 했으나 결국엔 싸워봐야 뭐 하나 싶어 침묵하게 되었다. 후엔 팀장님 혼자 뭐라 하면 그냥 앞에서는 수긍하는 척하고 한 귀로 다 흘려버리게 되었다.

대부분 사람이 자신도 모르게 화를 삭이지 못하고 부정적인 감정을 주체하지 못하는 경우가 많다. 남들이 자신에게 한 말에 대해서 순간적으로 감정이 앞서서 자신이 제어하지 못할 정도가 되어 돌이킬 수 없는 결과를 초래하는 경우가 종종 있다. 일이 저지르고 나서 정신을 차리고 보면 내가 왜이랬지 하며 자책하고 후회하곤 한다.

필자도 가끔 다혈질적으로 감정 조절을 못 하여 일을 그르치는 경우가 종종 있었다. 특히 가족들에게 아무 일도 아닌데 화를 내거나 짜증을 내어 같이 기분을 상하게 한 적이 많았다. 그 점에 대해선 부모님, 동생, 집사람에게 특히 미안하게 생각한다. 어릴 때부터 아직 일어나지도 않은 일에 대해 미리 걱정하고 늘 어떤 문제에 대해서 헤쳐나가기보다 부정적인 감정부터 앞섰다. 그러다 보니 늘 불안하고 무력감, 좌절 등에 익숙해져 나 자신의 심신을 스스로 망치게 하고 있었다. 또 술로 사람들에게 한탄하고 불만을 이야기해야 좀 풀리는 습관이 생겼다. 그러나 오히려 음주 뒤에 오히려 더 우울하고 무기력해졌고, 후에 알게 되었지만, 술과 부정적인 마음은 오히려 밀접하게 연결되어 나 자신을 좀 더 깎아 먹는 결과만 초래한 것이다.

이렇다 보니 결혼 전에 집사람이 종교를 한 번 가져보는 것 어떻 겠냐는 권유를 받고, 집사람이 나가는 교회에 한 번 가게 되었다. 나는 그전에 종교란 것을 가져본 적은 없었다. 종교가 사람의 마음과 감정을 다스리는 데 좋다고는 들었지만, 나 스스로 조절하면 그만이지라는 생각에 직접 가볼 생각은 전혀 없었다. 어머니께서도 절에 다니면서 어려울 때마다 마음을 다스리시는 걸 보고도 갈 생각이 없었으니 말이다. 그런데 이런 감정 조절이 안 되어 술을 먹다가도 절제가 안 되어 또 실수하는 일이 일어나게 되었다. 이런 일로 집사람과 결혼 전에 한 번 헤어지기도 했었다. 이러한 실수를 반복하지 않기 위해 집사람이 교회에 가서 신앙을 가져보면 도움이 된다는 말에 지푸라기라도 잡는 심정으로 가게 되었다. 가고 나서도 나 스스로 변하지 않다 보니 마음은 어떤지 모르겠으나 큰 도움이 되지 못했다. 그 후 독서를 통해 감정을 잘 다스리고 의식을 바꾸지 않는 한 절대 변할 수 없다는 사실을 깨닫고, 스스로 감정을 다스리고 부정적인 마음이 들지 않도록 마음을 비우는 연습을 시작하게 되었다.

　얼마 전 층간소음 문제로 다툼을 벌이다 위층 사람이 아래층 모자를 칼로 찔러서 살해한 사건이 있었다. 사소한 감정으로 시작한 싸움이 큰 싸움으로 번져서 결국 사람을 죽이거나 다치게 하는 일까지 벌어지는 경우가 종종 있다. 필자도 아파트에 살고 있는데, 얼마 전 우리 집 옆집으로 새로 이사를 온 가족이 있었다. 이사 오고 나서 양해도 구하지 않은 채 벽에 못질하고 드릴로 구멍을 뚫는 등 며칠을 시끄럽게 한 적이 있었다. 이 소음에 참지 못한 아래층 아주머니께서 올라와서 그 집에 찾아와서 다짜고짜 소리를 지르기 시작했다. 그 소리에 또 참지 못한 새로 이사 온 젊은 남자는 같이 소리를 지르며 맞받아쳤다. 사태는 점점 악화하고 젊은 남자가 분을 못 참고 아주머니를 밀치기 시작했다. 결국 집에 계셨던 장인어른이 중재를 위해 나가셨고, 나는 경찰을 불러야 할지 사태를 지켜보고 있었다. 얼마 후 장인어른께서 들어오셔서 조용히 타일렀더니 상황이 종료되었다고 한다. 이런 상황에서 역지사지 입장에서 상대방을 조금 더 배려하면 어땠을까 하는 생각이 든다. 새로 이사 온 사람은 사전에 좀 시끄러울 수 있어 죄송하다 미리 이야기하는 건 어땠을까? 또 그 소리를 못 참은 아주머니께서도 조용히 대화로 풀었으면 어땠을까? 요새 세상이 하도 각박해지고 개인주의가 팽배해지다 보니 마음에 여유가 없어서 참지 못하게 되는 상황까지 온 거 같다. 주위에 이런 일이 빈번하고 뉴스에도 유사한 사건들이 종종 나온다. 슬픈 현실이다.

나도 이런 감정을 조절하기 위해 여러 책을 읽고 정보를 얻으면서 명상, 기도를 통해서 마음을 비우는 방법이 최선이란 걸 알게 되었다. 마음을 비운다는 건 말 그대로 자기가 가지고 있는 모든 감정을 내려놓는 것이다. 불안, 좌절, 걱정하는 마음이나 기쁨, 즐거운 마음은 스스로 만들어내고 느끼는 감정이다. 본인이 만들어낸 그런 감정을 다

비워내고 흘려보내야 새로 또 채워진다. 그동안 참 머릿속에 수많은 생각을 내내 달고 살았다. 온갖 쓸데없는 일까지 예상하여 고민하다 밤잠 못 이루는 시간도 많았다. 그냥 내려놓고 비웠으면 편하고 마음고생도 없었을텐데… 그걸 깨닫기까진 참 오래 걸렸다. 물론 아직도 비우기는 쉽진 않다. 지금 읽고 있는 당신도 쓸데없는 생각으로 소중한 시간을 허비하고 있진 않은가?

마음수련 창시자인 '우명선생'이 쓴 『버림』이란 시이다.

"간곡히 말하는데 집착을 버려라. 분별심을 버려라. 알음알이를 버려라. 자존심을 버려라.
모든 너를 움직이는 잠재의식의 어떤 것도 버려라.
모든 생각의 근본 뿌리를 완전히 뽑아버려라.
천진난만하라. 동자가 되라. 아무것도 모르는 사람이 되라.
알려고 하는 것도 놓아라. 부귀영화도 놓아라. 그것은 너를 병들게 하는 최고의 적이다."

사람은 하루 동안 5만 가지의 생각을 하고 사는데, 마음이란 것이 무의식중에도 끊임없이 생각을 만들어내는 집합체라고 한다. 생활 속에서 받는 스트레스, 걱정거리 등도 이렇게 쌓인 생각과 마음이 만들어 낸 것이라고 우명선생은 보고 있다. 이것을 비운다면 스트레스나 걱정거리에서 벗어날 수 있다고 했다. 현실적으로 마음을 비우는 건 어려운 일이다. 내가 마음을 비울 수 있는 간단한 방법을 제안하고 싶다. 작년에 템플스테이로 명상 관련 세미나에서 배운 방법이다.

밤에 자기 전에 5분 정도 명상을 통해 마음을 비우는 간단한 방법이다. 편안하게 누워도 되고 앉아도 된다. 최대한 편안하게 자기가 취할 수 있는 자세로 준비한다. 3-3-3 법칙을 이용하여 우선 복식호흡을 한다. 3초간 숨을 들이쉬고 3초간 다시 내뱉고 이 동작을 3회를 반복한다. 이것을 1사이클로 보고 6~7회 반복하면 1분 정도 소요된다. 동작을 반복하면서 머릿속으로 어느 자연 휴양림 가운데서 바람을 쐬는 상상을 한다. 5분 정도 상상하면서 복식호흡을 반복하면 마음이 좀 가벼워지면서 시원한 기분이 든다.

필자는 이 방법으로 그날에 있었던 스트레스, 고민 등을 비우기 위한 연습을 했다. 확실하게 비워지는 느낌은 아직 모르겠지만, 예전보단 마음이 편해지면서 감정을 조절할 수 있게 되었다. 당신도 이 방법으로 조금씩 부정적인 마음을 덜어내고 비우는 연습을 시작해 볼 것을 권한다. 부정적인 마음을 비워내고 그 자리에 긍정적인 마음을 채워넣으면 행동도 그렇게 따라간다. 인생을 바꿀 수 있는 자기만의 모멘텀을 찾기 위해서 자기감정을 조절하고 마음을 비우는 것도 중요하다. 자기만의 마음 비우기 방법을 찾아서 더는 감정에 휘둘리지 말자.

Chapter 4

2535!
모멘텀을 찾은 후 해야 할 10가지

'과거'에 먹이를 주지 마라
저축보단 자기계발, 배움에 투자하자
인간관계는 억지로 맞추지 말자
상대방에게 진심을 다해 귀를 열자
부정적인 사람과는 교류하지 말자
심플하고 담백하게 살도록 노력하자
지금 당신의 나이를 사랑하라
눈앞에 보이는 것만 신경 쓰자
상황이 힘들수록 더욱 많이 웃어라
뒷담화 대신 감사하는 마음을 갖자

\

\

지금 당신도 어떤가?
지금까지 억지로 사람들에게 맞추고 하지 않았는가?
인간관계에 지쳐서 우울하고 나만 왜 이렇게 외롭게 느껴질 때가 있는가?
이렇다고 해도 너무 자책하거나 우울해 하지 말자.

4-1

/

과거에 먹이를 주지 마라

/

가끔 예전 일을 생각하면 후회스러운 일도 있고, 아쉬운 일도 많다. 지나고 나면 왜 그리 과거에 미련이 많이 남고, 그때 다른 선택을 했더라면 더 잘 되거나 달라지지 않았을까 하는 생각이 가끔 든다.

"고3 시절 수능을 망친 뒤 재수를 했었더라면 더 좋은 학교에 갔을 텐데…."

"대학 졸업반 시절 좀 더 토익, 자격증 등 스펙을 더 쌓았으면 좋은 직장에 갔을 텐데…."

"지난 직장에서 더 버티고 잘해볼걸. 괜히 옮겨서 더 힘드네."

남들보다 이런 경험을 좀 더 해보니 지나고 나면 아쉽고 후회할 일이 많았다. 나의 2535시절은 늘 저지르고 나서 걱정, 고민, 불만 등으로 둘러 쌓여 있었다. 좀 더 심사숙고하지 못하고, 늘 그 상황을 회피하기 위해 바로 선택한 결과들이었다. 늘 과거지향적으로 살다 보니 지난날의 상황에 대해 왜 그랬을까 하는 일들에 대한 후회와 아쉬움에 늘 사로잡혀 있었다. 몇 번의 이직을 거쳐 가는 회사마다 처음에 잘해야지 다짐해놓고, 스트레스를 받거나 상황이 좋지 않으면 전 직장이 더 좋았구나 하며 후회하곤 했다.

이런 고민이 있을 때 늘 상담하는 친구에게 물었다. 대기업을 다니는 한 친구는 늘 바쁘게 살지만, 계획성 있게 자기가 하고자 하는 건 꼭 이루는 성격이다. 그래서 동기들보다 진급도 빠른 편이다.

"왜 자꾸 나는 일을 벌여놓고 과거에 미련이 남지? 뭐가 문제일까?"

"야, 자꾸 넌 네가 선택한 현재는 보지 않고, 지나간 과거에 자꾸 먹이를 주려고 하느냐. 어차피 지나간 일이고, 지금 네가 있는 곳은 거기가 아니잖아. 과거에 미련을 가지면 지금 현재에 집중할 수 없고, 앞으로 네 미래는 어떻게 생각할 건데. 후회만 하다 끝날 거냐. 선택이 잘못되었으면 생각하고 오늘 하루 충실하게 보낼 생각이나 해라. 이놈아!"

친구는 호통을 치듯이 나에게 이렇게 조언했다.

오구라 히로시가 쓴 〈서른과 마흔 사이〉란 책에도 이러한 비슷한 일화가 나온다. 저자 히로시가 서른 살 시절에 인생이 잘 풀리지 않을 때였다. 대기업에서 이른 나이에 임원이 된 선배가 비슷한 조언을 하여 저자가 깨닫게 되었다는 일화가 나온다.

"내가 30대를 후회 없이 보낼 수 있었던 건 단 하나의 메시지 때문이었네. 바로 '과거에 먹이를 주지 마라' 였지. 과거에 자꾸 먹이를 주면 미래를 키울 양식이 바닥나고 만다네. 아주 사소한 일이라도 지금 당면한 일에 정신을 집중해 보게나. 그러면 시간을 매우 알차게 활용했다는 느낌이 들 거야. 바로 그 느낌이 중요하네. 그 느낌을 유지하는 훈련을 반복하면 결코 과거에 먹이를 주는 일 따위는 하지 않게 될걸세."

그렇다. 내 친구가 했던 이야기와 히로시 저자의 선배가 한 이야기는 일맥상통한다. 과거에 일어난 일은 이미 지나간 일이다. 미련을 두고 후회해 봤자 자꾸 자기만 손해라는 것이다. 어차피 벌어진 일을 다시 돌릴 수 없는 상황이다. 필자도 현재 힘들 때마다 자꾸 좋았던 과거 시절이 기억나고, 돌아갈 수만 있으면 하고 후회한다. 그러나 되돌릴 수 없으니 더 상처만 쌓이게 되었다. 당신도 이루지 못한 무엇인가에 미련을 두고 끊임없이 되새기고 있지 않은가? 그렇다고 한다면 지금 당장 멈추어라. 과거에 먹이를 주지 마라.

행복명상상원의 『우보거사의 시』이다.

"과거의 생각에 빠지면 지금 여기 삶에 소홀하게 되고, 지금 여기의 삶이 불편하게 된다.
과거의 생각으로부터 자유로우면 지금 여기의 삶에 충실하게 되고, 지금 여기의 삶이 편하게 된다."

필지도 과거에 대한 미련을 버리려고 연습한 것은 얼마 되지 않는다. 지금은 현재 힘든 상황만 이해하고 고민하면서 어떻게 해결할까에만 집중한다. 과거에 했던 모든 행위도 내가 선택했고, 그 선택한 결과물이 모여 현재가 된 것이다. 앞으로 다가올 미래는 지금 내가 하고 있는 행위들이 또 모여서 이루어질 것이다. 인생을 변화시키기 위해 결심했다면 당신도 지나간 과거는 덮어두라. 지금까지 치열하게 최선을 다해 살았으니 조금 아쉬운 과거라도 자기 자신에 대해 칭찬해줘라. 그리고 앞으로 오지 않은 미래를 바꾸기 위한 고민을 하고, 지금 현실에 충실하자. 지금 하고 있는 공부, 일, 연애 등 순간순간에 충실하다 보면 자기가 원하는 모습에 좀 더 가까이 갈 수 있지 않을까?

4-2

/

저축보단 자기계발, 배움에 투자하자

/

어릴 때 어머니께서 사람은 모름지기 무엇이든 배워야 남는 게 많다고 하셨다. 그래서 초등학교 시절에 피아노, 웅변(현재 스피치), 태권도, 서예 등 돌아가면서 배웠다. 짧게는 몇 달에서 몇 년을 배웠지만, 현재 잘하는 건 없다. 다만 배우면서 알아가는 즐거움을 얻었고, 성인이 된 지금도 많은 도움이 되고 있다. 어머니께서는 학원비가 비싸든지 싸든지 돈에 상관하지 않고 나에게 도움이 되는 무엇이라면 아낌없이 투자해주셨다. 어머니는 배움의 중요성을 잘 알고 계셔서 본인 스스로 책 읽기나 서예를 통한 자기계발을 평생 하시고 계신다. 특히 서예는 오랜 기간에 걸쳐 배우고 닦은 실력으로 여러 작품을 내어 상을 받기도 하셨다.

　중고등학교 시절엔 입시공부로 다른 자기계발 할 시간은 없었다. 대학에 와선 전공공부와 스펙을 쌓기 위한 공부와 자기계발에 몰두했다. 직장인이 되고 나선 일 끝나고 매일 사람들 만나서 노느라 책 읽기를 제외하고 자기계발에 대한 생각도 하지 않았다. 현재 생활에 만족하면서 살다 보니 앞으로 미래에 대한 꿈이나 목표는 잊고 살았다. 그러다 보니 자기계발과 배워야겠다는 생각은 아예 하지 않고, 퇴근 후엔 TV를 보거나 친구, 지인들과 술을 마시고 유흥에 빠져 지낸 시간이 대부분이었다.

　그렇게 20대 후반과 30대 초반까지 무의미하게 시간을 보냈다. 내 몸값을 올리기 위해 실력을 키우기는커녕 회사에 나에게 해준 게 없다는 식의 불만만 늘어갔다. 사원, 대리 때는 시키는 일만 잘해도 커버가 되었지만, 과장으로 진급하고 나니 무언가를 하지 않으면 도태될지도 모른다는 두려움이 생겼다. 이때가 34살이었다. 우선 관련 일에 대한 전문성 확보가 필요하다 생각이 들었다. 전문가라고 인정을 받으려면 우선 관련 분야 자격증이 있어야 하고, 어느 누가 물어보더라도 대답할 수 있는 실무능력이 필수라고 보았다. 내가 하는 분야는 기술직이다 보니 최고 자격증은 한국산업인력공단에서 주관하는 기술사 자격증이다. 1, 2차 시험을 통과해야 하고, 특히 내가 하는 도시계획 분야는 다른 기술사보다 합격자가 1년에 10명 미만으로 뽑는다. 우선

이 기술사를 따기 위해서 학원에 등록하고 공부를 시작했으나, 아직 달성은 못 한 상태다. 2년 내로 꼭 따기 위해 요새도 시간이 날 때마다 공부하고 있다. 또 실무를 위해 일을 하면서 연관된 내용은 관련 서적을 정독하여 내 것으로 만들려고 노력 중이다. 글로벌 시대에 영어도 필요하다 싶어 오프라인 스터디와 전화영어로 2년째 진행하고 있다.

몇 년 전까지만 해도 술값은 아깝지 않게 여기고, 학원비나 책값은 조금만 비싸면 지갑을 닫아 버렸던 기억이 있다. 술 한 번 마셔도 10만 원은 기본으로 쓰면서 한 달 학원비 20만 원은 왜 그리 아까웠는지… 당신도 그렇게 생각하는가? 커피 한잔에 5,000원은 괜찮고, 전화영어 한 달에 5만 원 하는 비용은 아깝다고 지금까지 그리 생각하지 않았는가? 그러나 대가를 치르면서 뭔가를 배우고 나면 그 비용이 아깝지 않을 정도로 뭔가 남고 변화된 자신을 볼 수 있을 것이다. 성공한 사람들을 보면 뭔가를 배우고 자기에게 투자하는데 큰 비용이 들어도 주저하지 않았다. 나중에 더 큰 이익이 자신에게 돌아올 것을 알았기 때문이다. 그것이 성공이냐 실패는 중요하지 않고, 배운 것으로부터 뭔가는 남기는 원리를 그들은 알고 있다.

나도 예전엔 월급을 받으면 저축하고 남는 돈으로 그냥 술 먹고 생활비를 쓰는 남들 하는 것처럼 살았다. 물론 이게 나쁘다는 건 아니다. 저축도 해야 남은 인생 노후를 대비할 수 있다. 그러나 지금 이 시대는 변화가 예전보다 정말 빠르다. 80~90년대는 전에 한번 들어간 직장이 평생직장이 되었지만, 90년대 후반 IMF를 겪고 나서 세상이 변했다. 평생직장은 없어지고 평생직업을 찾아가는 시대가 되었다. 27세부터 60세 정년까지 34년을 일한다고 가정했을 때, 최소 직업을 3번은 바꾸어야 하는 시대이다. 근속연수 5년을 잡으면 7~8회의 이직과 전직을 해야 한다는 의미다. 그러면 이런 시대에 사는 우리는 끊임없이 변해야 살 수 있다. 이때 가장 좋은 방법이 자신에게 투자하는 것이다. 자신의 실력을 키워 몸값을 높이거나 비용이 들더라도 투자하고, 배워라! 월급의 10%는 자신에게 투자하는 것이 현재 저금리 시대에 저축하는 것보다 더 도움이 될 수 있다. 배우고 나면 그게 설사 도움이 많이 안 되더라도 자신에게 피가 되고 살이 된다. 지금이 불황이라 해도 명품인재는 오히려 더 잘 나간다. 본인이 누구에게도 대체되지 않는 인재가 되기 위해선 철저하게 배움과 자기계발에 투자해야 한다. 아직도 뭔가를 배우는데 돈이 아깝다 생각하여 인색하게 군다면 가까운 미래에는 정말 인생에서 도태될 수 있음을 기억해라.

·

오늘 걷지 않으면 내일은 뛰어야 한다는 사실을 인지해라.
운동도 좋고, 독서를 해도 좋고, 자기 분야에 관한 공부도 좋다.
뭐라도 배우기 위해 시도하여 배우는 즐거움을 만끽해 보자.

·

4-3

/

인간관계는 억지로 맞추지 말자

/

　나의 2535 시절인 대학생 때와 사회생활 초기에는 매일 저녁때마다 어떻게든 약속을 잡아 사람을 만나러 다녔다. 친구, 지인, 회사동료, 선후배 등 가리지 않고 인간관계를 넓히기 위해 일주일 3~4회는 저녁때마다 술자리를 만들었다. 술 한잔에 서로 호형호제하면서 의형제도 맺어보고, 즐겁게 이야기꽃을 피운다. 좋은 일이 있으면 서로 축하해주고, 힘든 일이 있으면 서로 위로해주고 도와준다고 큰소리도 친다. 밤늦게까지 우린 죽을 때까지 함께한다며 취할 때까지 술은 마셔댄다. 그렇게 헤어지고 나서 다음날이다. 정말 힘든 일이 있어 도와달라고 맨정신에 부탁하면 내가 언제 그랬었나? 하며 얼버무린다. 감정이 상한다. 어제는 술자리에서 간·쓸개 다 빼줄 것처럼 하더니 오늘은 다른 사람처럼 보인다. 그래도 모르는 사람보단 한 명이라도 더 알아야 지금은 아니지만, 다음에 비빌 수 있는 언덕이 되지 않을까? 이런 생각으로 나는 어떻게든 인간관계를 넓히기 위해 감정이 상하거나 조금 손해 보더라도 개의치 않았다.

인간관계가 좋고 넓어지면 좋은 일이 많이 생긴다. 직장을 옮길 시에도 아는 사람 소개를 통해 좋은 곳으로 갈 수도 있다. 일하다 모르는 사항이 있거나 필요한 자료를 구해야 하는 상황이면 바로 연락하여 해결하거나 구할 수 있다. 나도 전 직장에서 필요한 팀원이나 팀장을 뽑을때 인맥으로 소개받아 적임자를 쉽게 구한 적도 있다. 인간관계가 넓은 사람들은 이런 기회를 잘 활용하여 서로 도움을 잘 주고받는다. 나도 인간관계를 넓혀 보기 위해 조금 손해를 보더라도 상대방에게 먼저 연락하고 안부를 묻곤 했다. 문제가 생기거나 무슨 일이 있으면 내 일을 제쳐놓고 먼저 달려가 같이 해결하려고 노력했다. 그러나 내가 일이 없어지고 어려움이 생겼을 때 손을 내밀었으나, 말로는 도와준다 해놓고 누구 하나 도와주는 사람은 없었다. 내가 너무 상대방에게 기대를 많이 한 것 같아 속상했다. 이 시기에 인간관계에 회의를 느끼고 스스로 상처를 많이 받았다.

잘나갈 때는 주위에 사람이 많아져서 인간관계가 좋아지는 것처럼 보인다. 반대의 상황에 부닥치게 되면 있던 사람들도 없는 것처럼 느껴진다. 즉 내가 상대방에게 이만큼을 해 주었으면 상대방도 나에게 이만큼은 되돌려줘야 하는 Give & Take에 집착했다. 물론 서로 주고받고 하는 것이 인간관계의 기본이다. 그러나 Give & Take도 서로 적당한 선에서 하거나, 아니면 아예 한쪽으로 주고 꼭 받아야 한다는 생각을 버리는 것이 중요하다.

오스트리아 유명한 정신의학자는 '알프레드 아들러'는 이런 인간관계에 대해 "행복해지려면 미움받을 용기도 있어야 한다. 그 용기가 생겼을 때 당신의 인간관계는 달라질 것이다. 즉 상대방이 날 좋아하든가 말든가 있는 그대로의 모습을 보여줄 용기를 길러보자. 진실한 모습이 타인을 움직이게 할 것이다. 진실이 아닌 거짓된 모습은 오래가지 못한다. 진정한 나로 살아갈 때 당신은 아름답다."라고 했다. 즉 너무 남의 감정을 생각하여 자기 모습을 감추고 맞춘다고 하는 것은 오히려 인간관계에 해를 준다는 것이다. 있는 그대로 상대방에게 자신을 보여주는 것이 중요하다고 역설하고 있다.

아들러는 또 "인간관계가 깨질까 봐 전전긍긍하며 사는 것은 나를 위한 삶이 아닌 타인을 위해 사는 부자연스러운 삶이 될 것이다. 오랜 기간 친밀했던 인간관계, 혹여 나빠질까 봐 그냥 넘어가거나 피해를 보는 쪽을 선택한 경험은 누구나 있을 것이다. 누구를 위한 삶인가? 상대방에 대한 배려가 권리로 바뀌어 있다면 그 인간관계에 대해 다시 생각해 봐야 한다."고 했다. 35살까지의 나도 그랬다. 상대방에게 뭔가 실수하거나 싸우게 되면 관계가 깨질까 봐 말하지 못하고 남의 눈치를 많이 살폈다. 나에 대한 감정은 생각지 않고 남에게만 맞추려 하다 보니 오히려 그 관계는 오래가지 못했다.

 지금 당신도 어떤가? 지금까지 억지로 사람들에게 맞추고 하지 않았는가? 인간관계에 지쳐서 우울하고 나만 왜 이렇게 외롭게 느껴질 때가 있는가? 이렇다고 해도 너무 자책하거나 우울해 하지 말자. 인간관계에 집착하는 것은 곧 내가 자신을 별로 사랑하지 않고 외롭다는 것을 반증하고 있다. 억지로 상대방에게 맞추지 말고 흘러가는 대로 자신의 인생을 즐겨라. 필자도 이젠 정말 중요한 인연이 아니라면 억지로 만나자고 연락하지도 않는다. 마음을 편하게 하고 내 생활을 즐기다 보니 오히려 삶의 질이 더 높아졌다. 지금 생각해보면 오히려 나를 생각해주고 걱정해주는 가족, 정말 친한 친구들에게 시간을 더 할애하지 못한 것이 후회된다. 100명의 지인을 아는 것보다 정말 힘들 때 이야기할 수 있는 지인 1~2명만 있어도 인간관계는 성공이라고 하지 않는가? 인간관계가 사회생활에서 성공할 수 있는 척도라고 하지만, 억지로 맞추기보단 그 시간에 자기계발을 하는 것이 낫지 않을까? 소수라도 마음이 편하고 즐거운 관계를 맺을 수 있는 사람을 찾아보자. 그리고 무엇보다 가장 중요한 건 자신이 편하고 즐거워야 인간관계도 좋아진다.

4-4

/

상대방에게 진심을 다해 귀를 열자

/

"야, 그만 좀 이야기해. 몇 번째 반복이냐? 네 인생만 그리 힘드냐. 맨날 네 말만 하냐? 다른 사람들도 뭐 안 힘들어서 가만히 있는 줄 아느냐?"

"네 말만 다 맞고 남의 말은 다 틀린다면 무슨 이야기를 해. 그리고 남이 말할 때 왜 자꾸 다 끊고 네 말만 하냐."

나의 2535시절 술자리에서 매일 친구들에게 듣던 타박이었다. 매일 계속되는 야근, 철야 근무에 지치고 급여가 밀리는 현실에서 스트레스가 많았다. 그걸 풀기 위해 매번 술자리에서 지인, 동료, 친구들에게 하소연했다. 한두 번은 들어줄 만하지만, 반복하여 내 이야기만 하니까 그들의 반응은 다 위의 말처럼 한결같았다. 더욱 문제는 내 불만만 이야기하고, 남이 이야기하면 듣는 체 만 체하다 말을 끊는 게 예사였다. 그것이 반복되니 어느 날 친한 친구가 따로 한번 만나자고 했다. 만나서 즐겁게 저녁을 먹고 술이 좀 들어간 후 친구가 정색하면서 충고를 한다.

"네가 자꾸 만날 때마다 그런 이야기를 하니 즐겁다가도 갑자기 분위기가 가라앉는 거 아니냐? 뭐가 그리 부정적으로만 보고 네 인생만 힘든 것처럼 사냐. 그리고 남의 이야기를 잘 듣지도 않으니 아마 너 그렇게 가다 아는 사람들 모두 떠나갈 거다. 인간관계라는 게 주고받는 게 기본이란 건 너도 알지 않느냐? 한번 잘 생각해봐라"

그 이야기를 들은 나는 머리에 뭔가 한 방 얻어맞은 느낌이었다. 난 단지 내가 좋아하고 친하다는 이유만으로 그들에게 기대려고만 했다. 그들의 힘든 점, 의견 등을 들을 생각은 전혀 못 했던 사실도 그제야 깨닫게 되었다. 나이만 들었지 인간관계 내 하는 행동은 철부지였다. 며칠 동안 난 이 문제에 대해 개선하기 위해 관련 책도 보고 아무도 만나지 않고 혼자 고민해보았다. 결국 문제의 핵심은 인간관계가 힘든 건 상대방의 처지를 이해하지 못하고 자존심에 상처를 주는 행동을 하기 때문이란 사실을 알게 되었다. 사실 나는 이 문제를 반복하다 보니 연락이 끊기거나 일부러 나를 피하는 사람이 생겼다. 당신도 자기가 좋아하는 친구, 지인이라고 상대방의 입장보단 내 말만 하고, 상대방이 말할 때 끊거나 아예 듣지 않고 있는가?

배우 정준호와 방송인 박경림은 연예계에서 알아주는 마당발로 통한다. 인간관계의 달인이라고 불리는 그들은 상대방과의 소통을 중요시한다고 한다. 특히 상대방의 말을 경청하여 문제가 무엇인지 파악하여 실제적인 도움까지 준다고 한다. 마음 씀씀이도 좋지만, 상대방의 말을 끝까지 잘 듣는 게 지금까지 인간관계를 넓힐 수 있었던 계기라고 했다. 그 결과로 여러 지인에게 사업적으로도 도움을 많이 받아 사업가로의 성공도 계속 이어나갈 수 있었다고 한다. 또 미국의 토크쇼 여왕인 오프라 윈프리도 승승장구할 수 있었던 이유도 경청의 중요성도 한몫했다고 스스로 인터뷰에서 밝혔다. 그의 이름을 딴 토크쇼 '오프라 윈프리쇼'는 게스트들이 서로 나오겠다고 할 정도로 아주 유명하다. 그 이유가 게스트들이 편하게 이야기를 할 수 있도록 그녀는 상대방에게 집중하고 진심으로 들어주는 데 있다고 한다. 아무한테도 털어놓을 수 없는 이야기를 할 수 있게끔 하는 그녀의 배려 덕분이다. 진심으로 상대방을 바라보고 귀를 열어 들어주니 상대방도 결국 그녀와의 인연을 소중히 여긴다고 한다.

모멘텀을 찾아 인생의 변화를 꿈꾸는 당신도 지금까지 자기 할 말만 하면서 살아왔다면 바꿀 필요가 있다. 나도 그 일이 있고 나선 아직도 다 고치지 못했지만, 적어도 친구, 지인 등이 고민거리를 이야기할 때는 최대한 중간에 말을 끊지 않고 끝까지 들으려고 한다. 그 사람의 눈을 보고 귀를 열어 최대한 자세를 갖추어서 말이다. 당신도 지금이라도 상대방을 최대한 배려하면서 앞으로 경청하는 습관을 지녀보자. 특히 잃고 싶지 않은 가까운 사이일수록 이게 더 필요하다고 본다. 연인, 배우자, 친한 친구 등 가까운 지인들의 말에 진심으로 귀를 기울인다면 더 돈독해질 수 있을 것이다.

"신이 인간에게 한 개의 혀와 두 개의 귀를 준 것은 말하는 것보다 타인의 말을 두 배 더 많이 들으라는 이유에서이다." 라는 에픽테토스의 말이다. 오늘부터라도 만나는 사람이 있다면 고민이나 말을 먼저 하지 말고, 상대방의 말에 귀를 기울여 경청해 보자. 다 듣고 나선 맞장구나 위로의 말로 이해해 주면 그만이다. 그리고 나면 상대방도 당신의 말을 더 잘 들어주고 하지 않을까? 물론 귀를 기울여 경청하는 것도 중요하다. 그것보다도 진심으로 상대방의 눈을 보고 들어주는 배려가 전제되어야 할 것이다.

> 인간관계를 오래 유지하기 위해선 진심으로 상대방을 이해하고
> 자존심을 다치지 않게 그들의 말을 진심으로 잘 들어주자!

4-5

/

부정적인 사람과는 교류하지 말자

/

　사회생활을 처음 시작하던 신입사원 시절에는 일도 배우고 새로운 사람들을 만나는 시간의 연속이었다. 물론 전공을 살려 취업하다 보니 학창시절엔 친하지 않던 선배나 후배, 동기들이 같은 업계에서 일하게 되어 오히려 가깝게 만나게 된 기회도 많다.

　특히 이 시기에 친해지게 된 몇 명의 과 선배와 동기들과는 한 달에 주기적으로 만났다. 만나서 일에 대한 정보도 교환하고 회포를 풀며 친목을 도모하기도 했다. 다들 술을 좋아하는 분위기다 보니 밤새워 놀았던 기억도 많다. 물론 과음으로 인한 실수, 사고 등도 많았고, 다음날 일에 지장이 있을 정도로 부작용도 있었다. 하지만 만나는 횟수가 늘어나고 오래되니 형제처럼 정말 돈독해졌다.

   나는 이 중 몇 명의 선배와 친해지게 되었다. 그들을 통해서 회사도 이직할 기회도 있었고, 좋은 정보를 많이 받았다. 그러다 한 명의 선배가 몇 년 전부터 직원과의 인간관계의 문제 등으로 그만두게 되었다. 그 후 그 인간 때문에 내 인생이 이렇게 안 풀린다, 왜 이렇게 일이 꼬이느냐고 만날 때마다 하소연했다.

   처음에는 나도 그런 경험이 있으니 공감하고 위로했다. 하지만 그런 안 좋고 부정적인 이야기가 반복되다 보니 나까지 우울해지고, 될 일도 안 될 것 같았다. 그 선배와 나는 서로 위로하다가 그런 부정적인 이야기로 한숨만 쉬다가 술에 취하면 말다툼을 하는 일도 빈번해졌다. 결국 어느 술자리에서 다투다 더 있으면 내가 더 부정적으로 나올까 봐 자리를 먼저 일어났다. 그 이후로는 그 선배가 보자고 해도 먼저 피하게 되었다.

   나도 예전에는 부정적인 사람에 가까웠다. 항상 안되면 남 탓, 환경 탓을 하고 불평불만만 했었다. 그러다 보니 몇몇 사람들은 나를 피하기 시작했다. 같이 있으면 더 우울해진다는 소문이 나다 보니 한동안 지인에게서조차 연락이 없던 시기도 있었다. 처음에는 이런 사람이 같이 있다 보니 가까워지지만, 늘 만나다 보면 오히려 서로 감정만 상하고 스트레스만 쌓이게 된다. 지금은 이런 사람이 되지 않기 위해 의욕적으로 긍정적인 생각을 일부러 한다. 그리고 좋은 기운을 주는 새로운 사람과 교류하기 위한 노력도 하고 있다. 기존에 알던 사람 중에 긍정적인 사람을 더 먼저 만나려고 하고 있다.

위에 언급했던 선배도 요새 많이 달라지는 노력을 한다고 한다. 조만간 한 번 만나서 나나 그 선배가 좋은 기운으로 변했는지 서로에게 물어보고 싶다.

부정적인 사람은 매사를 삐딱한 시선으로 보고 비관적으로 해석한다. 불평, 불만을 늘 입에 달고 산다. 주위 가족이나 지인들까지 불행하게 만드는 희한한 재주가 있다. 2535시절의 내가 늘 이렇게 해석했다.

"난 왜 늘 하는 것마다 안될까?" "왜 힘든 일이 나한테만 오지?" 등 현재 힘든 일부터 아직 일어나지도 않은 미래의 일까지 걱정하다 보니 늘 어둡다. 아직도 다 고치지는 못했다. 특히 난 가족에게 이런 시선으로 늘 짜증을 내곤 했다. 결혼 전엔 아버지, 어머니, 동생에게 결혼 후에 아내에게 표정관리 못 하고 문제에 부딪히면 늘 짜증을 내고 비관적으로 해석했다.

지금 생각해보면 얼마나 피곤하고 힘들어했을까? 부끄러운 일이다. 아마도 가족이었으니 지금까지 이해하고 타이르고 혼냈지, 남이었다면 아예 인연을 끊었을지도 모르는 일이다. 참아준 그들에게 너무 죄송할 뿐이다.

2535 시절을 부정적인 마인드로 너무 쓸데없은 시간을 보냈다. 사소한 일에 집착하고 늘 불만에 변명을 찾아다녔다. 지금은 마음을 다스리면서 긍정적으로 생각하려고 연습하고 있다. 상대방을 만나더라도 좋은 기운을 주기 위해 노력하는 중이다.

이서정 작가가 써서 한때 베스트셀러였던 〈이기는 대화〉에 나오는 말이다.

"4월이다. 4월이면 늘 시인 T.S 엘리엇이 생각난다. '세상의 모든 만물은 영원히 사라져야 할 축복이며, 다시 태어나는 것은 비극'이라는 역설적인 시구로 유명한 시인이다. 관점에 따라 달라질 수 있지만, 그는 부정의 달인이다. 그의 시를 읽으면 그래서 생명이 저주스러워진다. 그러나 어디까지나 시는 시일뿐, 입 밖으로 나오는 '말'은 실제 사람의 영혼을 마르게 할 수 있다. 말에도 명품이 있다고 한다. '상대방 처지에서 생각하고 이해하는 말을 하라'. 언제나 NO라고만 대답해서 상대방을 화나게 하는 사람들이 많다. 상대방으로부터 처음에 받았던 불쾌한 인상이 너무도 강하기 때문에 이런 사람들은 상대방에게 좋은 인상을 심어줄 수가 없다."

부정적인 사람과 대화를 하다 보면 본인이 가지고 있던 좋은 기운까지 나갈 수 있다고 저자는 또 말하고 있다.

당신은 어떤 사람인가? 부정적인 마인드를 가지고 모든 상황이나 문제에 대해 비관적으로 바라보는 사람인가? 아니면 그래도 힘들지만, 낙관적으로 상황을 관망하며 긍정적으로 받아들이는 그런 사람인가? 물론 후자에 해당하는 사람들은 그렇게 믿고 더 나아가면 인생을 변화시킬 수 있는 계기가 많을 것이다. 전자에 해당한다면 지금이라도 부정적인 마인드를 버려라. 그리고 주변에 그런 사람이 있다면 과감하게 끊어도 좋다. 당신의 삶은 단 한 번뿐이다. 즐겁게 살고, 의미 있게 보내기에도 짧은 시간이다. 부정적으로 지내기에도 부정적인 사람을 만나 에너지를 뺏길 시간도 아깝다.

그래도 지인 중에 놓치기 싫은 부정적인 사람이 있다면 격려해주고 이해하라. 당신의 인생을 변화시킬 모멘텀을 찾는 시간에 더 집중해라. 부정적인 사람 때문에 더는 당신의 삶을 희생시키지 마라.

4-6

/

심플하고 담백하게 살도록 노력하자

/

2015년 7월 25일 자 뉴스를 보니 20~30대 초반 청년 실업자 수가 41만 명을 넘어섰다고 한다. 물론 좋은 일자리를 찾기 위해 자발적으로 쉬고 있는 청년들도 있지만, 그래도 심각한 상황이라 본다. 현재 청년들의 스트레스와 기성세대의 불만은 계속 증가하고 있다. 비단 실업 문제뿐 아니라 먹고 사는 문제 등 지금의 세상살이는 너무 어렵고 복잡해지고 있다. 이런 세상에서 경쟁하고 살아남기 위해 청년들의 생각도 점점 더 복잡해진다. 이렇게 복잡해질수록 머리만 아프고 자기 삶에 집중하지 못하게 된다.

도미니크 로로의 〈심플하게 살다〉라는 책에는 이것에 대한 원인을 이렇게 설명하고 있다.

"우리는 자신이 너무나 많은 것을 가지고 있다는 사실을 깨닫는다. 온갖 잡동사니와 산더미 같은 집안일, 기한이 지난 우편물, 읽어야 할 책, 외부의 약속, 스트레스와 피로, 걱정거리. 우리가 이것에 대해 느끼는 피로, 의욕상실의 원인은 모든 과잉 때문이다. 과잉은 우리를 기진하고 쇠약하게 만들며, 잃어버린 에너지를 되찾으려 애쓰는 사이 더욱 지치게 되는 악순환의 소용돌이에 밀어 넣는다. 우리의 불안은 바로 여기서 출발한다."

그렇다. 무슨 문제가 생겼을 때 필요 이상으로 생각하고 쓸데없이 크게 걱정하므로 복잡해지는 것이다. 또 의식적으로 무언가를 꼭 해야 한다는 강박관념이나 하지 말자고 다짐했던 약속을 지속해서 지키지 못했을 때도 쓸데없이 복잡해질 수 있다.

나의 2535시절도 이런 생각으로 항상 머리가 복잡하고 아팠다. 언제까지 끝내야 하는 프로젝트, 이번 주에는 꼭 이 사람을 만나 술자리를 가져야 한다는 약속 등으로 무조건 한 번 정하면 꼭 해야 하는 성격이라 이것이 못했을 때는 엄청난 스트레스를 받곤 했다. 그리고 '이거 일 못 끝낼 거 같은데… 그 사람 왜 날 안 만나주지?' 쓸데없는 생각으로 다른 일에 집중할 수 없었다. 별것도 아닌 걸 가지고 나 자신을 복잡하게 만들었다.

주변에 직장을 다니다 창업을 하고 잘 나가는 친구가 있다. 그러나 이 친구도 사업이 잘 나가는 것만큼 엄청난 스트레스에 시달리고 있다고 했다. 사업을 누구나 그렇겠지만, 생존을 위해 많은 사람과 부딪히고 갈등도 겪어야 하며 경쟁을 해야 해서 삶이 너무 복잡하다고 한다. 이것저것 신경을 쓸 일이 보니 몇 달 새 그 친구가 확 늙어버린 모습에 깜짝 놀랐다.

어느 날 그 친구와 술자리를 가지며 질문했다. "난 너무 조급했어. 어서 빨리 자리 잡고 싶었거든. 너도 그런 생각 안 하느냐?" 이 질문에 나도 그렇다고 할 수밖에 없었다.

그랬다. 나나 친구뿐 아니라 현재 우리 2535들은 조급하다. 너무 빨리 무언가를 이루기 위해서, 또 남들보다 경쟁에서 한발 앞서 나가기 위해 무엇이라도 하고 열심히 노력한다. 조급하니까 생각이 복잡해지고, 어쩌다 일이 풀릴 때도 있지만, 자꾸 더 꼬여서 좌절한다. 성공에 집착하고 정말 열정적으로 사는 2535들은 목표를 이루기 위해 자신이 세운 계획에 따라 엄청나게 노력한다. 그러다 계획대로 되지 않거나 실패하면 자포자기하다 인생을 마감하는 사람도 있다. 스스로 정말 그렇게 복잡하게 몰아세워 가는 것이 과연 좋은 일일까?

나도 지금까지 살면서 인생이 내 뜻대로 되는 경우도 있고, 그렇지 않은 경우도 많이 있었다. 그럴 때마다 나도 2535시절엔 참 내 뜻대로 안 될 때는 생각이 복잡해지고, 마음의 여유도 없어졌다. 그렇게 자꾸 복잡해지니 이후의 일도 뜻대로 잘 풀리지 않았다.

그러다 여러 권의 독서를 통해 마음을 비우고 여유를 가지면서 단순하게 사는 방법도 좋다는 걸 발견했다. 처음엔 진짜 이렇게 될까에 대해 의문도 들었지만, 작은 것부터 따라 해보기로 했다. 잘 안 풀리는 문제는 그냥 잊어버리고 받아들이기로 했다. 또 이것저것 한꺼번에 고려하기보단 급한 한가지 문제에 집중하여 해결해 보는 연습을 시작했다. 그렇다 보니 예전보다 일도 잘 풀리고, 마음도 한결 편해졌다.

특히 나는 오구라 히로시의 〈서른과 마흔 사이〉에 나온 방법을 추천하고자 한다. 그 방법은 어떤 하기 싫은 일이 있을 때는 그냥 '하지 말자' 라는 규칙이다. 예를 들어 반드시 읽어야 할 책이 있다면 그 책은 읽지 말고 지인들에게 선물하거나 기부를 하는 것이다. 또 원치 않는 술자리가 있다면 과감하게 하지 말아야 한다. 즉 당신 인생에 악영향을 주는 하지 말아야 할 일들을 구별하여 꾸준히 실천해 나가면 인생이 심플해질 수 있다. 나도 다이어리에 하지 말아야 할 목록을 적어서 매일 아침에 확인 후 실천하려고 노력한다. 물론 안 지켜질 때도 있지만, 과거보다 마음의 여유는 생기게 되었다.

당신은 너무 자신을 몰아붙여 일부러 인생을 복잡하게 만들고 있지 않은가? 내 뜻대로 되지 않아서 자꾸 의기소침해지는가? 또 빨리 무언가를 이루기 위해 조급하게 굴지 않는가?

　이렇게 생각이 든다면 우선 마음을 비워보자. 또 단순하게 생각해 보고 자유롭게 그 상황을 받아들여 보자. 지금 당장 해결이 안 되는 것은 과감히 잊어버리자. 그리고 자기 인생을 변화시킬 수 있는 가장 중요한 한 가지에 집중해 보자. 2535 중에도 이른 나이에 성공한 사람을 보면 자기 인생을 단순하게 만들어 잡념을 없앤 것도 한 가지 이유라고 한다. 단순한 인생은 지나친 희생을 스스로 강요하지 않으니 오히려 더 즐겁게 살 수 있다. 오늘부터라도 자기 삶을 단순하게 만드는 연습을 통해 인생의 모멘텀을 향해 나아가보자.

4-7

/

지금 당신의 나이를 사랑하라

/

　이 글을 쓰고 있는 나의 우리나라 나이는 38살이다. 만으로 36살로 벌써 30대 중반을 지나 후반에 들어서서 마흔을 바라보는 나이가 되었다. 지금까지 열심히 살아왔다고 자부하지만, 남들과 비교하면 뭔가 딱히 이룬 것 없는 느낌이다. 나이가 들수록 현실이 버겁게 느껴진다. 마흔 전엔 지금 인생보다 더 잘되기 위해 무엇이라도 결정을 해야 할 거 같다고 늘 고민하고 있다. 29살 때도 서른이 오는 게 무서웠다.

　특히 나의 2535 시절은 첫 직장부터 얼마 다니지 못하고, 같은 이유로 몇 번의 이직을 거치다 보니 앞으로 이 불안한 직장생활을 얼마나 더 할 수 있을지 늘 걱정이었다. 그래서 나이가 더 들기 전에 전직,

이직을 통해 더 좋은 직장으로 가야 한다는 강박관념이 늘 있었다. 그러나 내 노력과 실천 부족으로 그것도 쉽게 이루어지지 못하다 보니 나이가 먹을수록 더욱 불안했다. 부모님이나 어르신들이 2535시절에는 첫 직장을 잘 들어가야 한다, 안정적인 직업을 택해야 앞으로 남은 인생이 편하다고 늘 말씀하셨다. 어릴 땐 그 말씀을 그냥 대수롭지 않게 여겼는데, 나이가 들수록 그게 무슨 의미인지 알게 되니 씁쓸하고 자꾸 두려워만 졌다. 나이가 들면 들수록 좋은 일자리를 다시 구하거나 옮기기가 쉽지 않다는 것이 자꾸 조급해졌다. 이미 처음부터 대기업에 들어간 대학교 동기나, 늦게라도 공무원이 된 고등학교 친구를 보면서 나이가 든 지금은 그들이 자꾸 부러워진다.

아마도 내 현실이 불안하다 보니 다가올 40, 50대가 보이지 않는 것 같아 그렇게 느껴졌다. 현 2535 세대들도 그렇게 느끼고 있을지도 모른다. 예를 들어 대학 졸업 후 사회생활은 똑같이 시작한다고 하자. 대기업, 공무원, 공기업에 소위 요새 잘 나가는 직장에 들어간 친구도 있고, 중소기업에 들어가 시작한 친구도 있을 것이다. 처음엔 신입 시절이니 일을 배우면서 비슷하게 나아가지만, 나이가 들면서 그 격차가 커지는 것을 보고 낙오되면 좌절하고 만다. 나이가 들면서 현실을 자각하게 되면서 나타나는 현상이라 한다.

그러나 다 이런 것은 아니다. 오히려 다가오는 30대, 40대가 기다려지는 사람도 있다. 이런 부류는 자기만의 목표가 확고하고 현재를 열심히 살아가는 사람들이다. 같은 업계에 있는 선배는 인생 로드맵에 자기 나잇대에 맞는 목표를 설정하여 이루기 위해 열심히 노력하는 중이다. 선배는 지금 41살로 현재 나이에 맞게 순간순간 최선을 다해서 살면 그것만큼 즐거운 일이 없다고 했다. 물론 목표가 다 이뤄지지 않아서 속상한 적도 많다고 하셨다. 그 나이에 동기들보다 진급도 늦고, 결국 실직까지 하게 되셨는데도 자기 나잇대 맞게 잘 가고 있는 거 같다고 그리 심각하게 받아들이지 않으셨다. 나는 몇 년 전까지만 해도 이 선배가 이해가 되지 않았다. 대부분이 나이 들어가는 걸 받아들이지 못하고 자꾸 한 살이라도 어릴 때 성공하길 바라는데, 이 선배는 그런 사람들과는 거리가 멀었다.

어머니께서도 이제 60대 초반으로 자기는 지금 나잇대에 건강하게 산에 다니고 사람들도 만나면서 인생을 즐길 수 있어 너무 행복하다고 하신다. 본인도 젊은 시절엔 나이 먹는 게 두려웠는데, 40이 지나고 나선 그냥 그 나잇대에 맞게 인생을 즐기게 되니 일도 술술 풀린다고 하셨다. 그러니까 나도 너무 고민하지 말고 나이 들어가는 걸 자연스럽게 받아들이고 지금 순간을 즐기는 것이 중요하다고 하셨다.

이 조언은 내가 30살 때 들은 이야기로 그땐 잔소리로 들려서 웃어넘겼는데, 8년이 지난 지금 다시 되새겨보니 맞는 말이다.

"현재 내 나이를 사랑한다. 내 나이를 사랑한다.

지금 어렵다고 해서, 오늘 알지 못한다고 해서…
주눅이 들 필요는 없다는 것,
그리고 기다림 뒤에 알게 되는 풍요가
진정한 기쁨을 가져다준다는 것을 깨닫곤 한다.
다른 사람의 속도에 신경 쓰지 말자.
중요한 건 내가 지금 확실한 목표를 가지고
내가 갖춘 능력을 잘 나누어서 알맞은 속도로 가고 있다.

나는 일할 수 있고 아직도 아름다울 수 있고
아직도 내 일에 대해 탐구해야만 하는
나이에 있다고 생각한다.

그렇다. 나는 아직도 배울 게 많다고 생각한다.
그래서 나는 모든 일을 익히고 사랑하지 않으면 안 된다고 생각한다.
나는 현재의 내 나이를 사랑한다.
인생의 어둠과 빛이 녹아들어 내 나이의 빛깔로 떠오르는 내 나이를 사랑한다."

신달자 시인이 쓴 나이에 관한 시이다. 연세가 많으신 노령의 나이에도 탐구하고 노력하는 자신의 모습을 투영하여 쓴 시라고 한다. 어르신들이 하시는 말씀 중에 본인도 인생을 살면서 다 그렇게 느끼고 살아왔다고 하신다. 20대는 서른 되는 게 무서웠고, 30대는 마흔이 되면 이제 다 끝나는 것처럼 느껴졌다. 40, 50대도 그랬다고 한다. 현실이 무섭고 사는 게 버겁다 보니 그렇게 느껴졌다고 하신다.

그러나 그것을 깨고 어떻게든 살아보니 다 살아지고, 노년이 된 지금은 그때의 그 나이가 제일 아름다울 나이였다는 걸 깨닫게 된다 하신다. 즉 지금 나이가 어쨌든 현실을 즐기면서 순간순간 그 나이에 맞는 즐거움을 누리는 게 나중에 후회가 없다고 하셨다.

아직 우리 2535들도 앞으로 살아갈 날이 훨씬 많이 남았다. 지금 현실이 좀 힘들고 버겁더라도 20대, 30대 청년 시절만의 그 젊고 아름다움은 최대한 누리고 즐겨보자. 지금 그 나잇대에 할 수 있는 모든 것을 찾아서 한 번쯤은 시도해보는 것도 좋다. 왜냐하면, 그 나이가 지나면 또 그때 그걸 왜 안 해봤을까 하고 후회할지도 모른다.

︙

지금 당신의 나이를 사랑하라.
그리고 인생의 변화를 찾아가는 과정도 좋지만,
그 여정 속에 최대한
현재를 즐기며 누리는 것도 중요하지 않을까?

︙

4-8

/

눈앞에 보이는 것만 신경 쓰자

/

몇 년 전 재미삼아 혈액형으로 그 사람의 유형을 따지는 것이 유행한 적이 있다. A형은 차분하고 꼼꼼하지만 소심하고 쓸데없는 걱정이 많아 조심성이 많은 성격으로 표현되었다. 특히 극 소심한 성격을 가진 A형 사람을 A가 3개 들어간 트리플 A형으로 놀리기도 했다. 어릴 때부터 나도 이 트리플 A형에 가까운 성격을 가지고 있었다. 학창시절이나 사회에 나와서도 늘 고민과 걱정을 안고 살았다.

"오늘 면접 보러 가는데 결과가 나쁘면 어떡하지?"

"이번 달은 또 급여가 나올까? 회사가 망해서 실업자가 되면 어떡하지?"

"배가 아픈데 큰 병이면 어떡하지?"

"오늘 소개팅 하는데 그 여자가 날 마음에 들어 하지 않으면 곤란한데… 걱정이네."

이 외에도 항상 어떤 현상에 대해 안 좋은 쪽으로 고민했다. 지금 생각해보면 왜 그리 쓸데없는 걱정을 달고 살았는지 모를 정도다. 다행히 그런 걱정을 하면서도 대비를 하는 건 좋았다. 그러나 그렇게 걱정하고 고민해도 아무 일도 일어나지 않았다. 상상한 대로 어떤 일이 벌어지더라도 그리 큰일은 아니었다. 어떤 일에 대해서 너무 고민하는 것도 본인에게 참 피곤한 일이다. 늘 나는 어떤 일이 있거나 문제에 부딪혔을 때 부정적인 사고방식으로 판단했다.

심리학자인 어니 J.젤린스키의 〈모르고 사는 즐거움〉이란 책에서 "걱정과 고민거리의 40%는 절대 현실로 일어나지 않고, 30%는 이미 일어난 일에 대한 것이다. 또 걱정의 22%는 사소한 고민이고, 4%는 우리의 힘으로는 어쩔 도리가 없는 일에 대한 것이다. 나머지 4%는 우리가 바꿔놓을 수 있는 일에 대한 것이다. 즉 살면서 우리가 걱정하는 일 중 96%가 쓸데없는 걱정이다."라고 했다. 많은 2535들이 이런 쓸데없는 걱정으로 충분히 잘해낼 수 있는 일도 놓치는 경우가 종종 있다. 아직 일어나지도 않은 일에 대해 너무 고민하다 정작 자기가 해야 하는 일을 제대로 하지 못한다.

나도 그런 경우가 많다. 지금 하고 있는 일에 집중하는 것이 가장 중요한데, 안 좋은 일이 생기면 그 결과가 아직 나오지도 않았는데도 미리 걱정하다가 일 처리를 잘못한 적도 있다. 재작년에 몇 번의 이직을 거쳐 갈 자리가 마땅치 않아 6개월 계약직으로 일한 적이 있다. 내가 하고 있는 업계가 불황으로 큰 회사 몇 개를 제외하고 상황이 어려웠다. 여기서 일을 하면서도 계약이 끝나면 이젠 정말 갈 곳이 없겠다는 생각이 늘 들었다. 아직 계약기간이 끝나지 않았고, 계약기간 동안 다른 일자리를 구하면 되는데 그 당시엔 불안하니 아직 일어나지도 않는 상황까지 상상하며 걱정했다. 내 힘으로 안 되는 것까지 생각하니까 지금 하고 있는 일도 소홀히 하게 되어 실수가 잦았다.

당신도 이런 쓸데없는 걱정을 하고 있는가? 물론 걱정을 아예 안 하는 것도 이상하나, 너무 고민하는 건 그 행위 자체가 더 의미가 없다고 본다. 일어나지도 않는 일에 대해 너무 걱정하면 무기력해지고 자기 에너지를 다 뺏기게 되어 건강에도 좋지 않다. 이렇게 너무 고민하는 건 우리나라 사람들은 남이 바라보는 시선을 너무 신경 쓰기 때문이란 분석도 있다. 내가 이만큼 해서 그 기대치를 충족시켜야 부모님이나 남들이 보는 시선에 당당해질 수 있으니 그만큼 더 걱정한다는 것이다. 타인의 시선에 민감한 우리나라의 특유 정서가 이런 쓸데없는 걱정의 핵심적인 이유가 되는 것이다.

그럼 이런 쓸데없는 걱정거리에서 벗어나기 위해서 나도 몇 가지 방법을 책과 세미나를 통해 배워서 활용하고 있다. 이 방법을 정리하여 보는 독자들도 한 번 따라 해보기 바란다.

첫째, 걱정거리가 있다면 종이 한 장을 준비해라. 그리고 볼펜으로 지금 내가 정말 걱정하는 문제가 무엇인지 생각나는 대로 다 적어라. 그다음은 읽어보면서 그 문제의 경중을 따져보고, 옆에는 해결책을 써보자. 먼저 해결할 수 있는 것부터 실천해보면 머리로 생각하는 것보단 조금은 편해질 것이다. 나도 업무나 일상생활에서 걱정거리가 있으면 다이어리에 쭉 써보고 우선순위를 정해 해결할 수 있는 문제부터 정리하고 있다.

두 번째로 아예 그 문제에서 잠시 벗어나 길거리를 걷는다거나 운동을 하거나 다른 동적인 취미활동을 통해 기분전환을 한다. 모든 걱정거리를 해결할 때는 객관적인 시각에서 바라봐야 잘 보이는 법이다. 기분전환을 한 후에 다시 그 고민을 해결할 방안을 찾아보는 것도 좋다. 마지막 방법은 정말 어쩔 수 없이 자기가 해결 못 하는 일이라면 시간의 흐름에 맡겨보는 것도 좋다. 지금 당장 자기가 할 수 있는 일이 없다는 것을 인지하고, 이런 일들은 시간이 지나면 자연히 좋든 나쁘든 간에 해결된다.

위에 열거한 방법 외에 걱정거리가 더 있다면 자신만의 방법으로 쓸데없는 시간과 에너지를 낭비하지 않도록 부정적인 생각을 날려라. 그리고 자신이 지금 하고 있는 일에 집중하면서 현실에 충실해라.

4-9

/

상황이 힘들수록 더욱 많이 웃어라

/

어릴 때부터 나는 〈유머일번지〉, 〈일요일 일요일 밤에〉 등과 같은 개그 프로그램을 가족과 같이 보면서 그들의 몸짓, 말투 하나하나에 반응하며 크게 웃었던 기억이 난다. 보면서 웃고 있으면 아무 생각도 나지 않을 만큼 즐거워졌다. 하지만 나이를 먹을수록 각박한 현실에 순응하며 먹고 사는 문제에 시달리고 일에 치이다 보니 웃을 일도 별로 없었다. 그나마 동료들과 잡담하며 억지로라도 웃어 보지만, 또 돌아서면 무표정한 얼굴로 돌아온다. 어릴 때를 회상하며 예능프로그램을 봐도 한두 번은 웃지만, 또 끝나면 내일 해야 할 일에 대한 걱정 등이 몰려와 표정이 또 일그러진다.

〈레미제라블〉로 유명한 빅토르 위고는 웃음에 관한 이런 명언을 남겼다.

　"웃음은 얼굴에서 겨울을 몰아내는 태양이다. 아기조차 웃음소리에 행복해한다. 침울해 있을 때 누군가가 이를 나무라면 흔히 지금 웃을 기분이 아니야라고 말한다. 그래도 웃을 수 있다. 잠시 짬을 내고 주변을 돌려보면 모든 날이 경이로움으로 가득 차 있음을 알게 될 것이다. 심지어 자신을 보며 웃을 수 있다. 남들이 뭐라고 하든 오늘은 마음 놓고 웃자."

　찰리 채플린도 "웃음없는 하루는 낭비한 하루라는 의미이다. 별로 웃을 일 없는 사람일수록 많이 웃어라. 그러면 긍정사고가 확산하고 더욱 밝아지지 않을까 생각된다."라고 했다.

　기분이 나쁘거나 힘들 때 억지로라도 웃으면 오히려 상황이 바뀌거나 행복해 질 수 있다. 또 웃으면 그만큼 긍정적인 사고가 가능하여 어떤 문제에 대해 유연하게 대처할 수 있다고 채플린은 덧붙이고 있다.

　제2차 세계대전 시 독일 나치 정권하에 유대인 대학살에서 살아나 '의미 치료'라는 방법을 개발한 '빅터 프랭클'이란 의사가 있다. 이 사람이 쓴 〈죽음의 수용소〉란 책을 보면 목숨이 경각에 달린 극단적인 상황에서도 웃음을 통해 마음의 긴장을 풀고 웃으려 노력했던 사람들일수록 수용소에서 아닌 사람보다 더 많이 살 수 있었다고 기술하고 있다. 당신은 이런 상황이라면 웃을 수 있겠는가? 아마도 더 절망했을 수도 있을 것이다. 나도 마찬가지였을 것이다. 어떤 상황에서도 웃으면서 상황을 바꿀 수 있다는 자체가 대단하게 느껴진다. 지금도 조금 문제가 생기면 웃다가도 표정이 바뀌는 현재 내 모습과 비교되어 부끄럽다. 성공한 사람들을 봐도 어렵고 힘든 상황이어도 스스로 즐기며 웃을 줄 아는 능력이 탁월했다고 한다. 한국 피겨스케이트 영웅인 김연아 선수도 매일 계속되는 혹독한 훈련이 너무 힘들어 포기하고 싶을 때도 잦았지만, 웃음으로 활용하여 그것을 극복했다고 한다. 나도 그렇게 할 수 있을까? 다만 웃으면서 상황을 극복할 수 있는 연습은 시도해 보고 있다.

'조지 베일런트 박사'의 〈행복의 조건〉에 웃으면 다음과 같이 건강에 좋다고 한다. 웃음은 종양, 세균과 싸우는 T세포의 활동을 활성화해 면역력을 높여준다. 또 혈압과 혈당을 낮춰주고, 하루 10~15분의 웃음으로 약 40㎈를 태울 수 있다고 한다. 엔도르핀을 나오게 하여 인체의 염증을 풀어준다. 이 밖에도 큰 효과를 주기 때문에 억지로라도 웃으면 좋다고 하는 이유가 여기에 있다고 한다.

불안한 사회 분위기와 경제 불황 속에 2535들은 사실 웃고 싶어도 씁쓸한 현실이 야속하기만 하다. 엄청난 능력을 갖추고 있어도 불안한 환경 때문에 취업난에 시달리고, 하고 싶어도 못하는 일들이 많아져서 절망한다. 아무리 재미있는 예능프로그램을 보고 웃는다고 해도 그때뿐이지 쉽게 바뀌지 않는 상황에 또 고개를 숙이게 된다. 그래도 아직은 죽지 않고 살아있기에, 이 책을 읽는 당신은 인생을 변화시키기 위해서 어떤 노력도 하고 있지 않은가? 지금 상황이 너무 힘들고 괴롭고 바뀌지 않더라도 한 번쯤은 웃어보자. 얼굴 찌푸리고 짜증 내는 것보단 낫지 않겠는가? 그런데 사실 웃긴 상황이 있어야 웃는 것도 되지 않을까 생각된다. 사실 부족한 것은 웃음보단 유머라고 생각된다. 그래서 나는 이렇게 한 번 시도해보라고 권하고 싶다. 우선 예능프로그램이나 웃긴 이야기를 보고 자기 식대로 유머를 갖추어 흉내를 내본다. 부끄럽다면 거울을 보고 혼자 한번 연습을 해보고, 가족이나 지인들에게 썰렁하더라도 유머라고 하면서 한번 이야기를 해본다. 분위기가 어색하더라도 피식 웃음이 나올 수 있고, 정말 크게 반응하면서 웃을 수도 있을 것이다. 웃으면 복이 온다는 말처럼 지금 당장에라도 웃을 일을 만들어 크게 웃어보자. 그렇게 한번 웃고 나면 두뇌 활동이 활발해져서 문제 해결에 도움이 될 것이다. 또 우리 안에 긍정적인 에너지가 당장은 아니지만, 인생을 바꿀 수 있는 원동력이 되지 않을까 한다.

4-10

/

뒷담화 대신 감사하는 마음을 갖자

/

첫 직장에 들어가서 매일 계속되는 야근과 철야근무에 지치고, 상사에게 매 순간 혼나니 늘 피곤하고 스트레스가 많았다. 그러다 보니 마음도 부정적으로 바뀌어서 힘들다는 소리만 달고 다녔다. 술자리에서는 상사 뒷담화나 하면서 일에 대한 불만만 털어놨다. 기분도 안 좋고 매 순간이 부정적인 생각으로만 가득 찬 상태서 술까지 많이 마시다 보니 몸까지 상하게 되었다. 모든 상황을 이렇게 안 좋게만 보다 보니 잘 진행되던 일도 종종 꼬이기 시작했다. 그렇게 몇 년을 보내다가 결국 구조조정까지 당하게 되었다. 실업상태에서도 나를 자른 회사 상사와 사장에 대한 불만으로 가득 차 매일 우울하게 지냈다. 왜 이렇게 난 되는 일이 없을까? 대체 뭐가 문제여서 이렇게 일이 풀리지 않을까? 라는 생각만 한 채 집에만 있었다. 아내가 위로해도 들은 체 만 체 하고, 아이와 놀아줄 생각도 전혀 못 했다. 부정적인 생각만 한 채 남 험담이나 하면서 그렇게 시간을 보냈다. 어느 날 문득 울고 있는 아내를 보고 큰 충격을 받았다. 정말 지금 생각해보면 한심한 일이다. 아내가 날 떠나지 않았던 게 다행일 정도였다. 내 상황만 힘들고 부정적으로만 봤으니 남들이 힘든 건 생각도 못 했다. 독서를 통해 마음을 다잡는 습관이 있어 한동안 멀리했던 책을 다시 읽기 시작했다. 성공자 자서전과 자기계발서 등을 통해서 부정적인 마음을 없애는 데 주력했다.

그중 오프라 윈프리가 쓴 〈내가 확실히 아는 것들〉이란 책에 매사에 감사하는 마음으로 부정적인 마음을 없애는 방법이 소개되어 있었다. 그녀는 "항상 감사한 마음을 가지기는 쉽지 않다. 하지만 당신이 덜 감사할 때가 바로 감사함이 가져다줄 선물을 가장 필요로 할 때다. 감사하게 되면 내가 처한 상황을 객관적으로 멀리서 바라보게 된다. 그뿐만 아니라 어떤 상황이라도 바꿀 수 있다. 감사한 마음을 가지면 당신의 주파수가 변하고 부정적 에너지가 긍정적 에너지로 바뀐다. 감사하는 것이야말로 당신의 일상을 바꿀 수 있는 가장 빠르고 쉬우며 강력한 방법이라고 확신한다." 라고 감사의 중요성을 역설하고 있다. 나도 이 대목을 읽고 나서 감사할 일이 있는지 찾아보기 시작했다. 결혼도 해서 아름다운 아내와 딸이 있었다. 당시엔 실업자였지만 신체가 건강하니 다시 일자리는 구하면 되었다. 일상을 돌아보며 찾아보니 생각보다 감사할 일이 많았다. 무엇보다도 살아있으니 힘든 일도 고민할 수 있다는 사실조차 감사의 대상이 되었다. 이렇게 매일 출근하면서 감사할 대상이 있는지 찾아보며 하루를 시작했다. 오늘 나에게 도움이 준 동료나 거래처 분들에게도 늘 헤어질 때 "감사합니다."라는 말을 붙였다. 지금도 완전하진 않지만, 감사하는 마음을 품게 되면서 마음도 편해졌다. 부정적인 생각도 많이 없어졌다.

보험전문가 게르트 쿨하비의 〈내 인생에 Thank You〉에 나오는 구절이다.
- 감사하는 마음은 불행을 막아주는 마법의 열쇠이다.
- 감사하는 마음은 어떤 상황에 부닥쳐 있던 당신에게 행복한 순간을 선사하며 아름다운 순간을 늘려주기도 한다.
- 감사하는 마음은 당신이 슬플 때 그 슬픔의 구멍에서 빠져나가 다시 햇빛을 볼 수 있도록 도와준다.

그는 사람들이 외부 상황에 익숙해서 자신의 인생에서 사소한 것들의 가치를 높이 평가하는 데 인색하므로 감사하는 것이 어렵다고 밝히고 있다. 이 말에 무척 공감된다. 나도 외부상황과 생활에만 익숙해지다 보니 일상에 소소한 일들은 당연히 일어나는 것으로 간주했다. 그 자체도 중요한 가치가 있는 걸 이제야 조금씩 알아가는 중이다.

지금 당신도 힘들게 하는 남을 비난하고 있는가? 자꾸 꼬이고 풀리지 않아 불평하고 우울해 있는가? 그렇다면 지금이라도 당장 그 행위는 멈추고 감사해야 할 일들이 있는지 한번 찾아보자. 생각으로 감사하다 해도 좋다. 또 상대방이나 대상이 있다면 찾아가서 말을 해도 좋다. 요새 가장 많이 추천되고 있는 방법이 '감사일기 쓰기'라고 한다. 노트 한 권을 사서 매일 한가지씩 감사해야 할 일이 있으면 적어보는 것이다. 〈한 줄의 기적, 감사일기〉란 책에서 양경윤 저자도 매사에 부정적인 자신이 감사일기를 쓰는 아주 작은 노력으로 마음속 불안하고 초조한 마음이 사라졌다고 했다. 저자는 감사일기를 쓰는 방법을 "한 줄이라도 매일 쓰고, 무엇이 왜 감사한 지를 구체적으로 작성하며, 덕분에~ 시작하라"로 알려주고 있다. 필자도 블로그에 감사일기 코너를 만들어 실행해 보는 중이다. 정말 마음속으로 감사하다는 마음을 먹고 집중하면 이상하게 기분이 상쾌해진다. 일상의 소소한 것들도 다시 보이게 되고, 마음이 평온해지는 느낌을 받았다.

당신도 억지로라도 "감사합니다."란 말을 하면서 습관을 들여보라.
또 감사하는 마음으로 상대방과 사물을 대한다면
인생의 변화를 꿈꾸는 당신에게 풍성한 하루가 될 것이다.

Chapter 5

2535!
자기 자신이 바뀌지 않으면 기회는 없다

/
\
/
\

정상적인 직진이 아닌 과감한 역발상을 해보자
무조건 실행하고 도전해보자
학교에서 우등생? 사회에서 우등생이 진짜다
나를 되돌아보는 시간을 한번 가져보자
평범한 사람은 재능보다 노력, 끈기밖에 없다
버티는 자가 강한 사람이다

\

\

세상은 앞으로 더 빨리 변할 것이다.
2535들이여! 아무것도 하지 않고 허둥지둥 생각 없이 지내다 보면
결국 도태되는 건 시간문제다. 인생의 변화를 위한 그 모멘텀을 찾았다면
지금 당장에라도 실행하자.
인생이란 긴 마라톤에서 끝까지 버티는 자가
결국 가장 강하고 승리할 수 있다는 사실을 기억했으면 한다.

5-1

/

정상적인 직진이 아닌 과감한 역발상을 해보자

/

인생의 관점에서 바라볼 때 사람들은 학교를 나와 직장을 가져서 일하다가 은퇴하는 순서가 대부분일 것이다. 이런 인생이 사람들은 정상적인 길이라고 인식하고 있다. 내 아버지도 대학졸업 후 대기업을 다니시다가 여러 번의 직업을 거쳐서 환갑이 지난 지금도 일을 하고 계시다. 어릴 때부터 아버지는 공부를 잘해서 좋은 학교에 진학해야 좋은 직장에 갈 수 있다고 매번 말씀하셨다. 나도 이것이 인생의 성공으로 가는 정상적인 길이라 생각하여 충실하게 따랐다. 그러나 고등학교 진학 후 열심히 공부했지만, 실력부족으로 성적이 좋지 않았다. 그래도 대학은 가야 해서 공부는 계속 했지만 결국 아버지의 기대에 부응하지 못했다.

그에 대한 스트레스로 대학에 들어가선 일절 공부는 하지 않은 채 친구들과 술 마시고 놀러 다니기만 했다. 꼭 공부를 잘하여 좋은 직장에 가는 것이 인생 전부는 아니라는 생각이 들었다. 이러다 보니 아버지와의 의견충돌도 잦았고, 그에 대한 반항심으로 내 마음대로 생활했다. 그러다 보니 공부는 시험 때만 반짝하고 평상시엔 소홀히 하게 되었다. 다른 친구들은 계획을 세워가며 좋은 직장에 들어가기 위해 열심히 준비하고 있는데, 난 그저 아무 생각 없이 그저 그들을 따라 하기 바빴다. 그러다 첫 직장을 작은 설계회사에서 시작하게 되었다.

처음엔 아무 생각 없이 일했다. 그러나 점차 일에 재미를 느끼다 보니 한번 생각을 바꿔 보기로 했다. 신입사원이지만 대리 직급에서 할 수 있는 일을 한 번 해봐야겠다고 결심했다. 바로 위 상사가 바로 과장님이시고, 내 위로 대리 직급이 없었다. 과장님께 실력은 부족하나 한 번 대리급 업무 일을 해보겠다고 과감하게 말씀드렸다. 과장님께서 처음에 실력도 안 되면서 무슨 소리냐고 타박하셨다. 그러나 계속되는 내 요구에 프로젝트 중에 규모가 작고 쉬운 일을 주시면서 한번 해보라고 허락해주셨다.

내가 시도했던 첫 역발상이었다. 어떻게 신입사원이 감히 그런 이야기를 할 수 있겠는가? 이제 입사 3개월째인데, 시킨 일이나 똑바로 하면 모를까… 어디서 그런 용기가 나왔는지 지금 생각해 보면 아찔하다. 생각을 바꿔 보기로 했던 건 신입사원이지만 일을 빨리 배워 인정받고 싶었다. 이렇게 인정을 받아서 좀 더 큰 회사로 옮길 기회도 있지 않을까 생각했다. 몇 개월간 혼자서 시행착오를 겪으면서 그 일을 결국 끝낼 수 있었다. 사수였던 과장님은 제법인데 하면서 좀 더 친밀하게 대해 주기 시작했고, 다른 프로젝트도 한 번 해보라 하면서 기회를 또 주셨다. 그렇게 시간은 흘러 추후 이직할 때 이때의 경험이 많은 도움이 되었다.

우종민 교수의 〈뒤집는 힘〉이란 책에서 "젊은 직장인들이 겪는 고민이나 갈등은 대부분 자신이 가진 거대한 프레임 안에 갇혀 사안을 다른 시각에서 보지 못하기 때문에 생겨난다. 홀로 괴로워하다 진료실을 찾아오는 수많은 직장인은 대부분 매사에 '반드시 괴로워하고 있다. 오랜 시간 고정관념에서 벗어나지 못하면 인생이 점점 더 재미없고 지루하며, 불만으로 가득 찰 것이다." 라고 직장인들은 좁은 시야에서 바라보니 문제가 발생하고 있다고 설명하고 있다.

우 교수는 문제가 발생하여 직장인들이 스트레스를 받는 이유를 다음과 같다고 한다.

"첫째, 밤낮없이 죽도록 일해도 월급은 쥐꼬리만 하다. 둘째, 아무리 열심히 일해도 회사 일은 끝이 나질 않는다. 셋째, 함께 일하는 상사의 얼굴을 매일 마주하기가 싫다. 외에 여러 이유가 있다. 하지만 가장 큰 원인은 외부에 있지 않고, 개개인이 가지고 있는 고정관념이다"

이 문제를 풀기 위해 우 교수는 가장 필요한 것은 뒤집는 힘, 즉 역발상이 필요하다고 역설하고 있다. "스트레스를 받아 견딜 수 없다면 더는 괴로워 말고 새로운 패러다임으로 세상을 바라보자. 살다 보면 누구나 한 번쯤 인생의 항로를 바꿀 정도의 어려움에 부닥치는데, 주저앉아 후회하거나 처지를 비관하는 것은 도움이 되지 않는다. 그래 봐야 현실은 변하지 않으며, 변하지 않는 현실 속에서 새로운 길을 모색하려면 역발상(Radical Thinking)이 필요하다." 나는 이 의견에 정말 공감한다. 힘든 상황에서 그 문제를 해결하기 위해 여러 방법을 찾아보지만, 본인이 가지고 있는 고정관념에서만 바라보면 해결책이 보이지 않는 경우가 많다. 하지만 그 고정관념을 벗어나 조금만 관점을 달리해서 문제를 본다면 전혀 다른 해결책이 보일 수도 있다.

예를 들어 오로지 대기업 취업에 번번이 실패했다고 하자. 가고 싶은 기업에 가지 못해서 당신은 우울해 할 수도 있다. 다시 도전하려니 또 실패할까 봐 두렵다. 이럴 때 대부분 사람은 그래도 또 다른 스펙을 쌓던가 아니면 그래도 대기업을 가는 게 좋다고 다시 도전한다. 몇 번의 도전 끝에 성공할 수도 있지만, 그 확률은 처음보다 낮을 수밖에 없다. 자꾸 많은 사람이 맞는다고 하는 그 관점에서만 보고 한길로만 파려고 하니 성공확률이 낮다. 이럴 때 다른 관점에서 생각하면 여러 개의 길이 보일 수 있다. 일단 중소기업을 가서 경력을 쌓고 대기업에 경력직으로 가는 방법도 있다. 자기한테 맞지 않는 대기업보다 자신이 즐겁게 일할 수 있는 작은 기업을 찾아서 다른 길을 모색할 수도 있다. 물론 중소기업을 가는 것보다 대기업에 가는 것이 미래나 여러 가지 상황을 볼 때 훨씬 좋다는 건 누구나 알고 있는 고정관념이다.

나는 누구나 익숙하고 정상적으로 가는 것이 가장 좋을 수도 있지만, 자기한테 맞지 않은 옷이라면 과감하게 다르게 생각하는 것도 인생의 변화를 위해 좋다고 생각한다.

내가 먼저 다니던 회사에 모셨던 여자 상사분도 이런 역발상으로 성공을 이루어낸 케이스다. 상고를 졸업하고 경리로 일하던 그분은 자기 인생을 바꾸고 싶어 23살 나이에 다시 대학을 들어갔다. 남들보다 늦은 나이다 보니 학창시절 내내 열심히 공부하고 27살에 남자들도 힘든 설계사에 들어와 누구보다 열심히 일하셨다고 한다. 업계 특성상 남자가 많은 업계서 살아남기 위해 기술직에서 최고로 알아주는 자격증인 기술사 취득을 목표로 하셨다. 일과 공부를 병행하시면서 엄청난 노력 끝에 합격하시고, 지금은 직접 사업체를 차려 운영하고 계신다. 자기가 처한 상황에서 생각을 조금만 달리하여 나간다면 언제든 길이 있다고 그분은 말씀하신다. 정상적인 직진으로 가는 사람들과 조금 다른 인생이었지만, 자기만의 역발상과 노력으로 지금은 그 누구보다 멋지게 자기 인생을 열어나가고 계신다.

지식 생태학자 유영만 교수도 인생의 변화나 인생역전을 꿈꾸고 있다면 이 역발상의 힘이 중요하다고 본인 칼럼에서 밝히고 있다. "역발상은 막다른 골목에 몰렸을 때 새로운 가능성의 돌파구를 마련하는 발상이다. 세상이 끝났다고 생각한 바로 그 순간 애벌레가 나비가 되는 것처럼 이제 더 이상의 대안은 없다고 포기하기 직전에 다른 대안들을 모색하기 위해 지금까지 생각한 고정관념을 모두 없애버리고 제로 베이스(원점)에서 다른 대안을 모색하는 발상이 이 역발상이다." 내가 생각하는 인생의 전환에 필요한 역발상의 의미와 일맥상통한다. 어떠한 문제에 부딪혔을 때나 인생의 변화가 필요하다고 생각될 때 답을 찾지 못해 헤매고 있다면 지금까지 가지고 있는 자기 생각은 다 지우고 새로 다르게 접근해야 한다는 것이 필자의 주장이다.

역발상의 사전적 의미는 생각을 다르게 하는 것이라 한다. 지금까지 당신도 정상적인 직진으로 익숙한 길을 오다가 어려움에 빠졌다면, 때로는 과감하게 기존의 고정관념을 깨고 다른 관점에서 바라보는 것이 해결책이 될 수 있다. 그 상황 안에서 안된다고 일이 풀리지 않는다고 의기소침하지 말고, 역발상을 통해 얼마든지 새로운 돌파구를 만들 수 있다. "생각을 바꾸면 믿음, 기대, 태도, 행동, 실력, 인생이 달라진다."고 리더십 전문가 존 맥스웰의 말이다. 자기 인생을 바꾸기 위한 모멘텀을 찾았다면 이젠 역발상으로 한 발 더 나아가는 당신이 되어보자. 자기가 가지고 있던 고정관념을 버리고 조금이라도 다른 생각과 관점에서 바라본다면 지금은 어렵지만 분명 새로운 인생길을 개척할 수 있다.

5-2

/

무조건 실행해보고 도전해보자

/

나는 힘든 일이 있거나 스트레스를 받을 때 예능 프로그램을 자주 본다. 보면서 아무 생각 없이 웃다 보면 저절로 기분이 나아진다. 가장 좋아하는 예능 프로그램은 나의 2535 시절을 함께 했던 MBC 문화방송 〈무한도전〉이다. 국민 MC 유재석을 필두로 여섯 명의 남자가 벌이는 최초 리얼버라이어티 방송이다. 2005년에 시작해서 얼마 전 만 10년이 넘어 꾸준한 국민들의 사랑을 받고 있는 장수 예능 프로그램이 되었다. 〈무한도전〉의 성공 요인은 그동안 보지 못했던 새로운 트렌드의 예능, 여섯 명 출연자의 예능감도 많이 있겠지만, 김태호 PD의 기획능력을 최고로 꼽고 싶다. 김태호 PD는 무한도전이 초반 시청률 4%로 폐지설까지 나올 때 아무도 맞지 않으려는 PD를 자청해서 맡았다고 한다. 그는 타 예능 프로그램이 녹화를 2시간 하면 6시간을 해야 따라잡는다고 생각할 정도로 노력한 끝에 결국 최고의 예능 프로그램을 만들었다. 그가 한 인터뷰에서 "자기도 20대 때 쓸데없는 고민과 생각으로 밤잠을 많이 설쳤다. 고민하는 시간에 한번 부딪혀보는 게 빠르다고 생각했다고 한다. 무한도전 초기도 폐지설까지 나왔지만 한번 부딪혀 도전해 보면 다시 올라갈 수 있을까 생각해서 무조건 기획하고 촬영하고 했었다."고 고백한다. 프로그램 제목처럼 그의 무모한 도전이 결국 결실을 보았다. 현재 그는 예능 프로그램의 간판 PD로 이름을 날리고 있다.

나의 2535시절도 쓸데없는 고민과 걱정으로 시간을 허비한 적이 많다. 내 업무 자격증을 대학 다닐 때 취득하지 못하여 업무시간에 짬을 내어 따려고 했지만, 이 핑계 저 핑계 대며 미루기 시작했다. 퇴근 후 친구들과 술이나 퍼마시고, 공부해야 한다는 생각은 벌써 내 머릿속엔 없었다. 머릿속으로 언제까지 자격증을 따야 내가 원하는 목표를 이룰 수 있겠다고 상상만 하고, 빨리 행동에 옮기지 못한 것이다. 행동하지 않았으니 당연히 결과는 없고 아무 일도 일어나지 않았다. 영어회화나 다른 걸 배우겠다고 계획만 세우고, 그냥 일하고 친구들과 노느라 차일피일 미루게 되었다. 다만 아내와 연애할 때는 어떻게 된 건지 저 여자는 잡아야겠다고 생각하자마자 세부계획도 세우고,

그 계획대로 바로 실행하여 사귀게 되었다. 이 시기엔 연애, 술자리, 유흥에만 관심이 있다 보니 부끄럽지만, 이쪽으로의 실행력은 대단했던 걸로 기억한다.

지금은 이쪽의 관심을 접어두고 배우는 재미에 다시 빠져서 2013년도부터 배우고 싶은 것이 있다면 바로 시작해서 배우고 있다. 영어회화도 전화영어를 주 3회 2년째 해오고 있고, 작년부터는 영어 스터디에 참가하고 있다. 또 가장 오랫동안 고민해오던 두 가지를 차례대로 시작해서 배웠다. 한가지는 내 업무에 관련된 자격증 공부로 기술사 학원에 등록하여 우선 기본적인 지식만 익혔다. 합격하기가 어려워 어느 정도 정리가 되면 3개월 정도를 몰아쳐서 내년엔 꼭 취득할 계획에 있다. 나머지 한가지는 지금 이 책을 쓰기 위해 배웠던 책쓰기 아카데미이다. 독서를 좋아하다 보니 책을 써보고 싶다는 꿈을 오래전부터 간직하고 있었지만, 지금 바로 실행해야 후회가 없을 것 같았다. 9주간의 수업을 마치고 이 책을 집필하고 있다. 계획을 세우고 바로 행동에 옮기니 그것이 실패든 성공이든 결과는 나중 문제다. 우선 일을 벌였으니 끝까지 최선을 다해야겠다는 내 인생 자세가 바뀌는 순간이었다. 업무를 할 때도 예전 우유부단한 상사 때문에 고생한 일이 있어 아침에 오면 업무분담부터 하고 후배 직원들과 회의를 하여 빨리 지시하고 피드백 받을 수 있게 했다.

성공한 유명한 CEO들도 모두 행동의 중요성을 역설하고 있다. 마이크로소프트사 CEO로 유명한 빌 게이츠도 "하고 싶은 일이 있으면 지금 당장 시작하라!"는 말을 좌우명으로 삼고 있다. 이탈리아의 유명한 발명가인 굴리에모 마르코니도 "성공의 비결은 신속하게 행동하는 습관이다."의 명언을 남겼다. 예전에 다니던 회사에 젊은 나이에 엔지니어에서 관리직 이사로 승진한 분이 계신다. 물론 실력도 있고, 영업능력도 뛰어나서 여러 방면에 공로를 인정받은 면도 있으나, 탁월한 행동력으로 승진하셨다. 사장님이 말씀하자마자 바로 계획을 짜서 빨리할 수 있는 일은 시간을 바로 잡아 처리하고, 사람을 만나기 위해 미리 연락하여 약속을 잡았다. 이렇게 일 처리를 미리 행동하여 처리 후 남는 시간은 자기계발에 재투자하여 자기 발전의 밑거름으로 삼으셨다. 배우고 싶은 게 있으면 바로 정보를 확인 후 학원에 등록하여 시작하셨던 걸로 기억한다. 그분 팀은 아니었지만, 옆에서 볼 때 배울 게 많은 분이셨다.

〈하버드 새벽 4시 반〉의 저자 웨이슈잉은 "사람들은 종종 주어진 일을 하기 전에 시간이 너무 없다고 투덜대곤 한다. 해야 할 일을 미뤘기 때문에 빚어진 결과라는 사실은 의도적으로 은폐하곤 한다. 많은 이들이 '그때 그렇게 했더라면 지금쯤 벌써 부자가 되었을 텐데', '그때 사업을 시작했더라면 지금쯤 부자가 되었을 텐데…' 라는 등의 한탄을 자주 늘어놓는다. 그러나 기회는 당신을 기다려주지 않는다. 계속 미루기만 한다면 죽을 때까지 원망만 하며 살아갈 수밖에 없다.

반대로 지금 당장 행동하면 미래는 무한한 가능성으로 가득 찰 것이다."라고 역시 지금 당장 실행, 행동의 중요성을 잘 말하고 있다.

나도 2535시절에 선택해놓고, "내가 그때 그냥 다른 일을 해야 했는데…", "왜 또 옮겨서 이 고생이지?" 하고 좋은 기회를 여러 번 날린 것에 대해 후회했다. 지금이라도 늦지 않게 현재 있는 자리에서 할 수 있는 것은 바로 처리하고 실행하려고 노력 중이다.

당신은 어떤가? 아직도 생각만 하면서 지금은 돈이 없어서 다음에 해야지, 때가 아니라서 미뤄야지 하고 있는 건 아닌가?

많은 2535들은 하고 싶은 게 많을 때다. 꿈도 많고, 목표도 있다. 그러나 그것을 즉시 행동에 옮기거나 실행하지 못하고 미루는 경우가 많다. 작은 것이라도 하고 싶은 게 있다면 지금 당장 시작해라. 이때 중요한 건 계획도 없이 무작정 실행하고 시도하면 안 하는 것보다 못할 수 있다. 하고 싶은 게 생겼다면 우선 실행 여부부터 점검해야 한다. 할 수 있는 쪽으로 계획을 세워 구체적으로 실행에 옮겨야 한다. 필자도 이 책쓰기에 도전하면서 할 수 있는 분량은 어떻게든 그날 계획을 세워 잘 써지지 않더라도 어떻게든 쓰고 지우고 반복했다. 이러한 습관을 조금씩 들이니 다른 일을 하더라도 이렇게 실행하면 뭐든지 이루어질 거 같은 기분이 든다.

우리는 24시간이란 똑같은 시간을 가지고 살고 있다. 이 똑같은 시간을 가지고 누구는 원하는 바를 이루지만, 다른 2535들은 꿈이나 계획 없이 살아가고 있는 경우도 있을 것이다. 나도 2535 시절을 되돌아 보면 좋은 추억도 많지만, 내 미래를 위해 온전히 썼던 시간은 없었다. 하고자 하는 게 있으면 미루기 바빴고, 늘 술에 취해 피곤한 몸을 이끌고 집에 와서 자기 바빴다. 지금 생각하면 참 부끄럽지만, 지나간 일은 묻어두기로 했다. 당신도 지금까지 그렇게 살아왔다면 오늘부터라도 시작하자. 조금씩 하루하루 실행하여서 한 달 정도만 지나면 전과 다르게 느껴질 수 있을 것이다.

'오늘 걷지 않으면 내일은 뛰어야 한다'는
하버드 대학의 명언처럼
지금 당장 실행하고 도전하는 습관을 지녀보는 건 어떨까?

5-3

/

학교에서 우등생?
사회에서 우등생이 진짜다

/

　나는 초등학교 시절부터 자랑은 아니지만, 반에서 1, 2등을 다툴 정도로 공부를 잘했다. 초등학교 들어갈 때부터 아침에 일어나 교과서와 참고서인 전과를 혼자서 예습할 정도로 공부가 재미있었다. 중학교에 들어가서도 공부를 잘하는 모범생으로 지냈다. 고등학교에 진학해서도 내신은 항상 1~2등급을 유지하였으나, 창의적인 시험이었던 수학능력시험은 늘 중위권에 맴돌았다. 외우는 데는 자신이 있어서 암기과목은 늘 만점이었다. 그러나 원리를 중요시하고 생각해서 푸는 과목은 공부해도 소질이 없었던지 늘 반타작이었다. 수학과 물리 시험은 항상 어렵게 느껴졌었다. 오래 만난 친구들이나 사회에 나와 오랜만에 만난 동창들도 나에 대한 첫 이미지는 공부 잘하는 아이로 지금도 기억되고 있다.

집안에서도 친척들이 꼭 서울대에 가야 한다고 기대를 많이 하셨다. 나도 그 기대에 부응하기 위해 공부를 더 열심히 했다. 그러다 대학입시가 기존 암기 위주였던 학력고사에서 창의력과 사고 중심 시험인 대학수학능력시험으로 94년에 바뀌었다. 사고력에 약했던 나는 결국 본 수능시험을 망쳤다. 서울대는 들어갈 점수도 안되고 그래도 4년제 대학에서 이름 있는 대학은 지원할 정도가 되어 지금 나온 대학에 진학하게 되었다.

오히려 대학에 들어오고 나선 홀가분했다. 고등학교까진 집안에서 아버지나 친척들이 너무 기대를 많이 하셔서 공부를 잘해야 한다는 강박관념이 너무 심했다. 그래서 그에 대한 반발심리로 아버지나 친척들이 공부해서 뭐라도 되어야 한다고 말을 하시면 듣기 싫어서 대들고 만나러 가지도 않았다. 대학 시절엔 시험 때만 잠깐 공부하고, 그동안 하고 싶은 것을 하면서 자유롭게 지냈다. 그래도 공부를 잘했던 습관은 계속 있다 보니 시험 때 공부는 달달 외워서 잘 쓰다 보니 취업할 때는 유리한 학점은 확보할 수 있었다. 졸업 후 사회생활을 시작하면서 몇 번의 이직을 거쳐서 지금까지 오게 되었다. 객관적으로 보면 난 지금 다른 친구들과 생활, 능력, 연봉은 비교해 보면 비슷하거나 좀 떨어지는 모습을 보이고 있다.

학교에서 모범생이었지만 사회에서는 열등생이란 말도 들은 적이 있다. 나의 학창시절을 기억하는 지인들은 내가 없는 자리에서 "공부 잘했던 놈이 왜 저렇게 안 풀리고 사느냐? 난 너 이기는 게 목표였는데, 사회에 나오니까 오히려 내가 더 낫네." 하는 이야기도 가끔 들었다. 누구와 비교하는 습관은 나쁘지만, 그래도 상대적으로 누구보다는 좀 나아 보여야 자기가 편한 것이 사람 심리이다. 나도 그렇게 생각한다. 학창시절에 꼭 공부를 잘했다고 사회에 나오고 나서도 우등생이 되는 건 아니다. 하지만 학창시절에 공부를 잘해서 밖에 나와 성공하는 사람들도 많다. 그와 반대로 실패하는 사례도 종종 있다.

아는 지인 중에 자기 학교 다닐 때 친구 이야기를 들려준 적이 있다. 그 친구는 학교 다닐 때 항상 1, 2등을 하고 선생님 말씀도 잘 듣는 모범생이었다. 그런 친구가 사회에 나가 직장에 취업했는데 그만 1년도 안 돼서 사표를 던지고 나왔다고 한다. 사유는 자신은 학교 다닐 때처럼 열심히 성실하게 일을 했는데, 회사에서 이유도 없이 권고사직을 권해서였다. 아마 회사에서 이유 없이 정리하지는 않았을 거라 본다. 알고 보니 시키는 것은 열심히 하는데, 융통성이 부족하여 자기가 주도하거나 응용하는 업무에서 성과가 미진했다. 또 공부만 하는 전형적인 샌님이다 보니 인간관계 스킬이 좀 부족한 면도 있었다고 했다. 퇴근 후 직원들과 어울리기 위한 노력도 없었고, 늘 회사에서 일 빼곤 친하게 지낸 사람도 없었다고 했다. 아무리 공부만 했다고 해도 저렇게까지 사회성이 없는 사람도 정말 존재한다는 사실에 지인 이야기를 듣고 씁쓸했다. 나와도 비슷한 점이 있어 공감되다 보니 조금 측은하게 느껴지기도 했다.

현재 내가 친하게 지내는 친구들은 고졸, 전문대 졸업, 대학교 졸업 등 학력이 다양하게 분포하고 있다. 고졸, 전문대 졸업하는 친구들은 나름대로 학력에 대해 콤플렉스가 있었으나, 그것을 발판삼아 절실하게 자기를 업그레이드하기 위해 노력했다. 그리고 학창시절에 공부 외에 다양한 경험을 미리 하다 보니 사회성도 높았다. 지금 시점에선 내가 이 친구들에게 배우는 것이 아주 많고, 물어본다. 예를 들어 상사와의 당구 내기는 어떻게 해야 할지? 오늘 회식 코스는 어디로, 또 노래방에서 윗분들 앞에 어떤 노래를 해야 분위기가 좋을지? 등은 학교에서 가르쳐 주지 않는다. 학교에서 친구들과 어울리거나 아르바이트를 하면서 사회를 미리 경험해 보지 않은 이상 공부만 하던 친구들은 이런 면은 약할 수밖에 없다. 학교에서 열등생이라고 구박받던 사람들이 오히려 사회에 나오면 현실에 안주하지 않고 부딪혀서 성공을 이루는 경우가 많다.

독일 교육 이야기 블로그를 운영하는 박성숙 저자는 독일교육 관련 글을 통해 우리나라 교육의 문제점을 다음과 같이 지적하고 있다.
"독일은 오는 11월부터 독일학교에서 17살 학생을 대상으로 생활

교육이란 이름으로 각종 테스트와 통계 등을 이해하고 평가, 분석할 수 있는 능력을 키울 수 있는 교육을 시작한다고 발표했다. 하지만 우리나라는 대부분 경제 교과서가 1.경제생활과 경제문제의 이해, 2.경제주체의 역할과 의사결정, 3. 시장과 경제 활동, 4. 국민경제의 이해, 5. 세계시장과 한국경제 등과 같이 원론 중심으로 엮다 보니 사회나 실생활에 유용한 교육은 없다."

그렇다. 학교에서 배우는 지식은 원론적이고 이론적인 내용이 많아 실제로 사회에 나와 자기 업무에 필요한 몇몇 지식을 빼곤 다 쓸모가 없다. 물론 윤리나 역사처럼 상식이나 태도를 알려주는 과목도 있겠으나, 대부분이 오랫동안 유용하게 쓸 수 있는 지식은 아니라는 이야기다. 또 학교에서 학과성적만으로 학교 우등생으로 판단하기 때문에 지적인 면만을 부각하다 보니 그 오류가 많다고 지적한다. 영어 성적이 좋다고 해서 외국에서 살다 온 학생보다 영어를 잘한다는 보장은 없다. 또 음악성적이 좋다고 노래나 악기를 정말 잘 다루는 것도 아니다. 즉 현재 학교의 시스템이 잘못되어 거기 안에서 우등생이라고 칭했던 학생들이 사회에 나와 적응을 못 할 수도 있다는 이야기다. 늘 잘한다고 자라왔기 때문에 사회에 나와 한두 번 실패하면 재기를 못 하는 확률도 보통 사람에 비해 높다고 한다.

나도 지금 직장에 와서 예전의 모든 과거는 잊어버리고 원점에서 다시 시작하기 위해 노력하고 있다. 물론 예전에 공부를 잘했던 습관들은 조금씩 남아서 생소한 업무를 맡을 때 이해가 빨리 되는 데 도움은 되고 있다. 그러나 내가 사회생활에서 성공이나 성과를 이루기 위해선 사회란 학교에서만이 배울 수 있는 항목을 다시 익히고자 했다. 업무의 탁월함을 유지하기 위해 전문가가 되는 법, 사람을 만날 때 항상 친절하고 청결한 모습으로 이미지를 좋게 하는 법, 상사에게 요령 있게 보고하는 법, 동료와 협업 시 잘 대처하는 법 등 수많은 사회생활을 잘하기 위한 과목은 많다.

읽고 있는 당신은 학창시절에 공부를 잘한 사람도 있고, 그렇지 않은 사람도 있을 것이다. 학창시절에 공부를 잘했거나 못한 게 중요한 게 아니다. 지금 2535 시절은 이제 학창시절은 과거 시절이다. 이미 지나간 과거에는 먹이를 주지 말라고 앞장에서 설명한 바 있다. 공부를 잘했던 당신이라면 사회생활에서 배울 수 있는 것들은 간추려서 예전 공부했던 습관대로 익혀만 나간다면 계속 우등생이 될 것이다. 공부를 못 했다고 한 당신이라면 그 반대로 학창시절에 다양한 경험을 했을 것이다. 그 경험을 바탕으로 사회생활에 잘 접목해 생활한다면 역시 사회 우등생이 될 것이다. 사회 우등생이 되기 위해 가장 중요한 건 바로 당신이 가지고 있는 인생 변화를 위해 찾은 모멘텀이다. 자기 인생은 내가 주인이기 때문에 사회생활도 내가 내 일로 생각하여 스스로 능동적으로 수행해 나가는 것이 중요하다. 스스로 생각하고 행동하여 사회 우등생이 되어보자!

5-4

/

나를 되돌아보는 시간을 가져보자

/

대학 졸업 후 처음 들어간 회사는 작은 설계 회사였다. 새로 시작하는 회사에 입사하다 보니 처음 1년은 일을 배우고 같이 성장하는 느낌으로 즐겁게 다녔다. 다음 해에 회사사정이 갑자기 안 좋아지기 시작했다. 급여가 조금씩 밀리더니 아예 3~4개월씩 나오지 않았다. 이렇다 보니 직장인은 한 달 월급이 밀리면 그달의 생활이 되지 않아서 대출을 받던지 누군가에게 돈을 빌려야 하는 상황이 온다. 어쩔 수 없이 부모님께 우선 급한 대로 좀 빌려서 밥값과 교통비라도 우선 급하게 썼다. 주말에는 예전에 하던 서빙 아르바이트를 하며 생활비를 벌었다. 회사에 다니는데 왜 이러고 살아야 하는지 짜증과 화가 나기 시작했다. 그렇게 한두 달 버티다가 이젠 부모님께서도 돈을 주지 못할 거 같다 하셨다. 아르바이트도 그만두고 회사도 상황이 안 좋아서 부서 사람들도 다 나가고, 얼마 남지 않은 인원이 기존 많은 일을 해야 했다. 한 편으로는 돈도 없는 데 지원을 못 해주신다는 부모님이 야속했다. 회사에서 막내이지만 대체 회사 운영을 어떻게 했길래 이 지경이 된 건지 윗사람들을 원망했다.

내가 선택하여 들어온 회사에서 어려운 상황이 벌어진 건데, 이렇게 어려우면 다른 데를 알아보고 나가면 그만이면 되는 상황에서 나는 남 탓만 하면서 시간만 보냈다. 그렇게 다시 몇 달을 보내고 이제는 버티기가 어려울 무렵 다행히 사수의 추천으로 다른 회사로 이직하면서 상황은 종료되었다. 두 번째 회사에서는 맞지 않는 상사와 부딪히는 일이 많았다. "대체 저 사람은 왜 저러는 거지?" 하면서 뒷담화도 많이 했고, 결국 스트레스를 받아서 팀을 옮겼다. 나한테도 문제가 있었는데, 그것은 인식하지 못한 채 그 상사 탓만 계속 했었다.

그 후 여러 문제로 다시 한 번 이직하게 된 회사에서는 프로젝트를 진행하면서 도저히 할 수 없는 일을 요구하는 발주처가 문제였다. 물리적으로 2~3일이 필요한 일을 반나절 안에 빨리 넘겨달라거나 새벽에도 업무지시를 하기 일쑤였다. 반년을 버티다 또 그만두게 되었다. 이때 아버지께서는 "사회생활은 말도 안 되는 일이 끊임없이 반복되는데, 넌 왜 그걸 못 참고 자꾸 그만두는 거냐!" 하고 나무라셨다. 나는 아버지의 타박에 "오히려 그럼 직접 한번 당해보시라. 그럼 그런 말씀 못 하신다!"라고 대들었다. 그러자 아버지는 "네가 못 참고 너한테도 문제가 있는데, 그걸 극복을 해야지. 매번 가는 곳마다 그럴 거냐!"라는 말에 나는 충격을 받았다. 그렇다. 나한테도 문제가 있다는 걸 생각을 못 했다. 잘되면 내 탓, 안되면 남 탓하는 습관이 나도 모르게 그렇게 하고 있었다. 그러나 그렇게 알고 있어도 계속 남 탓만 하고 스스로 위안했던 나는 4번째 회사에서 4년 만에 구조조정까지 당하고 말았다.

그런 일이 있고 나서 책을 통해 내가 무엇이 문제였는지 찾아보고 고민해 보기로 했다. 즉 나를 되돌아보는 시간을 한 번 가져보기로 한 것이다. 지나온 과거를 돌아보고 무엇이 잘 못되었고, 그 점을 반성하면서 어떻게 고쳐나가야 할지에 대해 고민했다. 혼자서 공원에도 나가 사색도 해보고, 도서관에서 온종일 책을 읽고 노트에 내 문제점을 적어 보기도 했다. 분석 결과 매번 앞만 보고 무작정 달리고자 하는 생각만 하고, 그에 따른 노력은 없었다. 일이 잘되면 내가 잘해서 된 거고, 잘되지 않으면 그 상황이나 남 탓하며 변명하기 바빴다. 이렇게 나를 되돌아보는 시간을 가져보면서 앞으로 내가 어떻게 해야 할지 조금씩 보이기 시작했다.

대부분의 2535들이 자기 인생을 변화시키고 성공을 위해 앞만 보고 달려간다. 비단 2535뿐 아니라 중장년층도 앞만 보고 나아간다. 이러다 한 번 미끄러지면 무엇이 문제인지도 모른 채 실패에만 집착하여 좌절하는 경우도 많다. 어떤 일에 최선을 다하고 열심히 노력했는데도, 또 회사를 위해 충성하고 열심히 목숨 바쳐 일했는데 그 결과가 좋지 않았을 때, 대부분 사람이 운이 없었다, 상황이 나빴다고 불평을 한다. 그러나 이런 상황들에 대해 나를 되돌아본다면 결국 이런 것도 자기 자신이 만들어낸 마음가짐에서 비롯된다.

이것에 대해 이정일 운테크연구소 실장은 "운이 없다고 불평하는 사람들의 생각, 말, 행동 등이 갖는 공통적인 요소와 패턴이 있고, 서두에 언급했던 것처럼 본인이 노력한 이상의 결과를 얻어 '운이 따른다'는 사람들 역시 공통점을 뚜렷이 가지고 있어 두 경우가 완전히 차별화된다면 결국 운 역시 내가 만드는 것이라고 할 수 있을 것이다. 상황과 타인 등 외부적 요인이어서 내가 어떻게 조정할 수 없을 것처럼 보이는 일들이지만 그것들이 나에게 유리하게 흘러가도록 하는 방법이 있고, 그 반대로 나를 방해하게 만들 수도 있다는 것이다. 결국 운 역시 내가 뿌린 씨앗을 스스로 거두게 되는 셈이다."라고 언급하고 있다. 즉 결국 모든 문제 원인은 자기가 만들어낸 허상에서 비롯된다고 볼 수 있다. 이것도 나를 돌아보지 않는다면 결코 알 수 없는 일이다.

아는 지인 중에 여러 사유로 회사를 1년 이상 다니지 못하는 분이 있다. 지금도 다니는 회사도 1년쯤 다니고 계신 데 급여가 밀려 다시 회사를 상대로 소송해야겠다고 하소연만 하신 분이 있다. 그 전에 다녔던 회사에서 나온 이유는 아는 분이 운영하는 회사에 한 번 잘해보자 하여서 들어갔는데, 여러 이유로 나오시고 나선 그 사람 탓만 하셨다. 내가 보기엔 분명히 본인 잘못도 있는 거 같은데 전혀 인지를 못하는 것처럼 보였다. 지금 타이밍에서 자신을 한번 돌아보고 무엇이 잘못되었는지 파악만 해도 더 나은 삶을 살 수 있는 분인데 볼 때마다 안타까운 마음뿐이다. 이와 반대로 한 회사에서 10년을 근무하시다가 적성에 맞지 않고 경제적으로도 힘들어져서 그만두신 지인은 1년간 자신을 돌아보고 무엇을 잘할 수 있는지 스스로 찾아보고 노력한 끝에 다른 업종에서 승승장구하고 계신다. 그분 말씀은 자기가 무엇을 잘하고 부족한지를 잘 알고 있으면 무엇을 하든지 방향을 쉽게 잡을 수 있다고 하셨다.

나를 되돌아보는 게 중요한 이유는 객관적으로 자기 자신이 주도할 수 있는 삶을 사는 데 도움이 된다는 것이다. 내 인생의 주인은 바로 나 자신이기에 자기를 잘 알 수 있다면 인생의 변화를 찾을 수 있는 방향을 빨리 잡을 수 있을 것이다. 지금 2535 시기에 자신에 대해 잘 알고 방향을 잘 찾아갈 수 있다면 남은 인생은 누구보다 잘살 수 있을 것이다. 필자는 이 시기에 나를 돌아보지 못하다 이제 나를 돌아보고 점차 방향성을 찾아가고 있다. 올해부터 일주일에 1~2회 정도 잠들기 전에 나를 돌아보는 시간을 보내고 있다. 이번 주에 내가 했던 일에 대한 칭찬과 반성을 통해 더 성장하고 개선해 나가고자 하기 위함이다.

당신도 아직도 일이 잘 안 풀릴 때 상황이나 남 탓을 하면서 시간 보내지 말고, 나부터 먼저 돌아보는 습관을 지녀보길 바란다. 자기 전에 잠깐 눈을 감고 오늘 일을 반성해 보는 것도 작게 시작할 수 있다. 아니면 혼자만의 여행을 떠나 조용한 곳에서 잠시 노트를 펴놓고 지금까지의 자기 인생을 적어보면서 돌아볼 수도 있다. 지금까지 앞만 보고 달려왔다면 가끔은 나를 되돌아보는 시간도 가져보자. 너무 방향 없이 달려가다가 일이 잘 풀리지 않으면 똑같은 실수를 반복하게 되고, 상황 탓만 하게 될지도 모른다. 조금은 늦더라도 마음의 여유를 갖고 나를 돌아본다면 시행착오를 줄일 수 있다. 맹자도 '행유부득자 제반구저기(行有不得者 皆反求諸己)'라고 했다. 아무리 노력해도 일이 안 풀리고 결과가 나쁘면 자신을 다시 돌아봐야 한다는 뜻이다. 유명한 그리스 학자인 소크라테스의 '너 자신을 알라!'도 일맥상통한다.

2535들이여! 지금 당신이 취업 준비 중에 계속 취업이 되지 않는다면 잠깐 나를 돌아보면서 숨을 고르고 준비해도 된다.

.
.

현재 직장에서 일이 꼬이거나 힘들다면 역시 나를 돌아보는 시간을 가지고, 천천히 문제를 해결해보자. 나를 돌아본다는 것 자체가 인생의 모멘텀을 찾아 제대로 된 방향으로 가는 최종 무기가 될 것이다.

.
.

5-5

평범한 사람은 재능보다 노력, 끈기밖에 없다

어느 날 친구와 오랜만에 고깃집에서 회포를 풀고 있는데, 옆자리에서 한 대학생이 울면서 이야기한다. 그날따라 가게가 조용해서 대학생이 흐느끼면서 말하는 소리가 잘 들렸다.

"흑흑, 정말 이번 학기 죽으라고 공부 열심히 했어. 매번 과 수석하는 ㅇㅇ를 한번 이겨보고 장학금을 타야 다음 학기에 집에 손 안 벌릴 수 있었는데 나는 정말 안 되나 봐. 시험기간에도 ㅇㅇ가 새벽 1시에 가는 걸 보고 난 조금 더 하고 그랬는데…. 죽으라고 노력해도 그 애를 따라잡는 건 불가능해."

정말 한이 서린 목소리로 친구에게 이야기하는데, 나도 술을 먹다 그 친구를 보니 측은해졌다.

　나 또한 대학 시절 그런 경험이 있다 보니 오히려 그 친구에게 동병상련의 정이 느껴지게 된 것이다. 같이 어울려 다니던 친구 중에 그다지 공부를 하지 않는 것처럼 보이지만 항상 성적은 A, A+이었던 친구가 있었다. 시험기간 중에도 같이 공부하는데 1시간마다 머리 아프다고 놀러 가자는 친구였는데, 결과는 항상 1~2등이었다.
　어쩔 땐 그 친구가 얄미워 따로 안 보이는 곳에 가서 쉬지도 않고 반나절을 공부한 적도 있다. 물론 그 친구도 노력은 많이 했을 것이나, 그에 따른 재능이 뛰어난 것 같았다. 대학 시절 내내 그 친구를 따라잡을 수 없을 거 같아서 가진 재능이 노력보다 중요하다고 생각한 적도 있다. 그러나 그래도 한 번쯤은 이기고 싶어서 4학년 때 시험 때 죽을 정도의 노력을 했었다. 사실 재수강하는 쉬운 과목도 있어서는 모르겠으나, 결국 그 친구를 한번 이겼다. 성적표가 나오는 날 친구들과 같이 술 한잔 하면서 넌지시 물어봤는데, 내가 조금 학점이 높았던 걸 확인했다. 겉으로 내색은 안 했지만, 그래도 노력의 보답이 있었기에 기분은 정말 좋았다.
　아마 그 날 술자리 옆 테이블 대학생도 조금만 노력해도 재능이 뛰어난 친구를 이겨보기 위해 열심히 노력했는데 그 결과가 시원치 않아서 울었을 것이다. 자기 같은 평범한 사람이 재능이 뛰어난 사람을 이겨보기 위해서는 노력밖에 없었을 거라고 자부하면서 말이다. 그러니 결과는 또 졌으니 얼마나 억울하고 좌절했을지는 나도 같은 경험을 해보았기 때문에 정말 이해가 간다.

보통 재능이 뛰어난 친구와 평범한 사람과의 차이를 비교할 때 모차르트와 살리에르의 이야기를 자주 비유해서 쓰곤 한다. 18세기 음악가로 어릴 때부터 신동으로 불리던 모차르트는 35살 나이로 요절할 때까지 여러 작곡가의 찬사를 받으며 여러 명곡을 남겼다. 이에 반해 살리에르는 천재였던 모차르트를 질투하고 이겨보기 위해 엄청난 노력을 했었다고 한다. 이렇게 월등한 재능이 있는 사람과 그를 따라잡지 못하는 차이가 커서 노력을 해도 이기지 못하고 시기하고 질투하는 현상을 '살리에르 증후군'이라고 까지 붙여졌다. 그런데 사실 내가 보기엔 살리에르도 평범한 사람은 아니고, 그 당시에도 대가로 인정받았던 궁정악장이다. 천재인 모차르트에 비해 평범하다는 것이지 그도 비범한 인물이었을 것이다.

 위의 대학생도 또 다른 모차르트인 그 친구를 노력으로도 못 이겨봐서 스스로 살리에르의 감정을 느꼈을 것이다. 나도 내 모차르트 동기를 따라잡기 위해서 살리에르처럼 죽을 거 같이 노력했다. 결국 살리에르와 옆 테이블 대학생과는 다르게 딱 한 번 그 모차르트 동기를 이길 수 있었다. 노력보다 끝까지 포기하지 않은 끈기가 더해져서 이루어낸 결과였다.

돈도 없고 배경도 없는 2535 평범한 젊은이들은 스스로 자기 미래를 열어나가야 한다. 특별한 재능이 있고, 태어날 때부터 금수저를 가지고 있는 몇몇을 제외하곤 자기가 노력해서 길을 찾아야 한다.

사실 21세기에 들어오면서 부익부·빈익부 현상은 더욱더 가속화되고 있다. 예전처럼 '개천에서 용이 난다' 는 시절은 지났다고들 한다. 이걸 깨기 위해 평범한 젊은이들은 오늘도 자기 삶을 개척하면서 열심히 노력하고 있다. 평범한 사람들이 인생을 영위한다는 것은 힘들어도 먹고 살기 위한 돈을 벌어야 하고, 절박함에 쫓기면서 살아간다.

따라서 평범한 2535들은 이 힘든 상황을 벗어나고 원하는 것을 얻기 위해 절박하고 간절함으로 조금씩 앞으로 나아가야 한다. 나도 이제까진 내가 평범하다고 생각하여 무엇인가를 이루지 못할 거라 스스로 한계를 그어놓고 살아왔다. 그러다 보니 그냥 되는 대로 살았던 것 같다. 힘들면 그것을 이겨내기 위한 노력을 해야 하는데 주저앉거나 회피하다 보니 그 시도조차 하지 않았다. 자격증 시험이나 뭔가를 하고자 할 때 처음엔 의욕적으로 시작하나, 시간이 갈수록 노력을 하지 않으니 매번 실패했다. 그러나 주위 평범한 사람이 잘되고 성공하는 모습을 보고, 또 그런 사람들의 책을 접해보고 나서 그들의 성공 요인을 내 나름대로 정리해본 결과, "재능이 있는 사람보다 더 노력했고, 주위에서 누가 보더라도 독하게 절박하게 내일 죽을 것처럼 살아야 했으며, 저렇게까지 했는데 성공 못 하면 그게 더 이상할 정도로 배수의 진을 치고 노력하는 사람들" 로 정리할 수 있다.

아는 지인 중에 학창시절에 촉망받는 육상선수로 훈련 중에 불의의 사고를 당하고 은퇴를 하게 되었다. 그는 해온 것이 운동밖에 없어서 운동을 못 하게 된 것에 대해 좌절했다. 그러나 다른 분야를 찾아서 정말 누가 봐도 잘되겠다 할 정도로 노력하여 성공적으로 안착한 경우도 있다.

2012년 대통령 후보이자 컴퓨터 백신 바이러스 V3를 만든 안철수 국회의원은 대학 시절에 읽은 〈학문의 즐거움〉이란 책에서 '평범한 사람이라도 노력을 거듭하면 천재보다 더 빛나는 업적을 남길 수 있다' 는 구절을 보고 평생 신조로 삼았다고 한다. 이때부터 본업인 의사 일을 하면서 새벽 3시에 일어나 6시까진 백신 개발에 노력을 다해 결국 개발에 성공하게 되었다. 이 성공 요인에 대해 안 의원은 "자신의 평범함을 이유로 자신의 모습에 대하여 너무 적은 평가를 한 결과, 비범한 노력을 하지 않았기 때문일 것입니다. 평범함과 비범함의 차이는 그리 크지 않습니다. 그러면 무엇이 성공하고 그렇지 않은 인생에 큰 차이를 가져오는 것일까요? 그것은 평범한 자신을 발견함에도 불구하고 비범한 노력을 하는 자와 자신의 평범함을 핑계로 그냥 그렇게 사는 자의 차이입니다." 라고 평범한 사람에겐 노력이란 큰 무기가 있다고 역설하고 있다.

우리에게 잘 알려진 스타 연예인들도 처음엔 평범한 사람들이었으나, 성공을 위해 절박한 마음으로 오디션을 보고, 연습에 연습한다. 이렇게 노력과 끈기 덕에 그들은 스타의 반열에 올라서서 명예와 부를 다 거머쥔 사례는 흔히 볼 수 있다. 특히 가수 비(정지훈)는 편찮으신 어머니 병원비가 밀릴 정도로 가난했다. 그러나 더는 물러날 데가 없는 것을 깨닫고, 자기가 잘하는 춤에 모든 걸 걸고 노력했더니 지금은 엄청난 성공을 거두었다.

당신은 본인 스스로 재능이 있는 천재형 인간이라고 생각하는가? 아니면 대부분의 평범한 사람이라고 보는가? 물론 정말 자기가 천재라고 생각한 사람들을 제외한 이 세상의 99%가 후자라고 대답할 것이다. 평범한 사람이 평범하게 사는 것이 좋은 일이다. 하지만 힘든 현실에 있거나 조금이라도 자신의 인생을 바꾸고 싶다면 노력을 해야 한다. 그것도 그냥 어영부영 노력하는 것이 아니라, 자신의 모든 것을 걸어서 절박하게 끈기를 가지고 올인해야 한다. 노력하다가 잘 안 되거나 실패하더라도 끝까지 가야 한다. 당신 자신을 평범하다고 인정은 하되, 노력은 비범하게 하라. 간절한 마음으로 하루하루를 노력하다 보면 평범했던 당신도 비범한 사람으로 바뀔 수 있다. 인생의 변화를 꿈꾸기 위해 자신만의 모멘텀을 찾아가는 여정에서 알프레드 디 수지의 '살라 오늘이 마지막인 것처럼'과 같은 심정으로 절실한 노력이 뒷받침되어야 당신이 원하는 성공에 가까워질 것이다.

5-6

/

버티는 자가 강한 사람이다

/

2004년부터 사회생활을 시작했으니 올해로 만 10년이 되었다. 10년이면 강산이 한 번 바뀌는 시간이다. 그 기간 5~6번의 이직을 감행하여 현재 회사까지 오게 되었다. 급여가 밀려 생활고로 어쩔 수 없이 나오게 된 경우도 있고, 다른 일이 하고 싶어 이직을 감행하게 된 경우도 있었다. 옮길 때마다 늘 마지막 직장으로 생각하고 잘 적응하다 회사가 망하거나, 잘리는 경우도 있었다. 기회를 찾아 여기저기 옮겼지만, 결국 그 어디에서도 자리를 잡지 못하고 나이만 먹어갔다. 좋은 회사로 이직했을 때도 업무 강도가 너무 커서 참질 못하고 몇 개월 못 버티고 나온 적도 있다.

어른들이 말씀하길 사회생활은 첫 직장이 중요하다고 하셨다. 처음에는 그 의미가 별로 와 닿지 않았으나, 몇 번의 이직을 감행하고 나이가 들다 보니 첫 단추를 잘 끼는 것도 중요하다고 인식이 되었다. 이제 와서 처음 사회생활을 시작할 때 첫 직장의 선택을 잘해야 했나 후회도 조금 한다. 조금 늦게 들어갔어도 괜찮은 직장에서 힘들어도 계속 버티는 것이 중요한데, 조금은 아쉬울 따름이다. 이제라도 지금 회사에서 끝까지 버티면서 다른 기회를 찾고 있다.

주변 동창들도 비슷한 시기에 사회생활을 시작했다. 괜찮은 기업에 들어간다고 나보다 2~3년 늦게 들어간 경우도 많았다. 그 기업에 필요한 자격을 갖추기 위해 또는 공무원 시험에 합격하기 위해 준비할 기간이 필요했다. 결국 결과도 좋아 늦게 시작했지만, 지금까지 잘 근무하고 있다. 그러나 그 친구들도 나름대로 힘들게 근무하고 있지만, 첫 직장에서 장기간 근속하고 있다. 물론 그 직장의 여건이 좋아 오래 근무할 수도 있으나, 힘들어도 참고 잘 버티었기 때문에 회사 내에서 자리를 잡고 인정도 받고 있다. 사회생활은 내가 좀 빨랐지만, 길게 보지 못하고 버티는 능력이 부족했던 나는 힘든 업무나 스트레스가 있으면 피하기만 했다. 그에 반해 친구들은 초기에 연봉이 작거나 힘든 일을 시작했어도 나름대로 잘 참고 버티다 보니 현재 나와 비교했을 때 상황은 많이 역전된 상태다.

한때 강한 자가 살아남는 적자생존의 법칙이 유행했다. 물론 지금까지 인간뿐만이 아니라 생태계 전체에서 통용되고 있는 원리로 본래의 어원은 'Survival of the Fittest'로 환경에 적합한 자가 살아남는다는 뜻이라고 한다. 오래전 엄청난 강한 힘을 바탕으로 모든 동물 위에 군림했던 공룡이 어느 순간 몰락한 후, 힘도 없는 인간이 지금까지 생존본능을 바탕으로 버티어 살아남는 것에서 알 수 있듯이 강함과는 크게 상관이 없다. 보통 강한 사람은 자기만의 강한 능력만을 믿고 잠깐 전성기를 맞이하다 몰락하는 경우를 역사를 통해서도 많이 나타난다. 이에 반해 변하는 환경이나 상황에 맞게 잘 적응하고 버티면서 결국 성공을 이루는 사람도 볼 수 있다.

예를 들어 삼국지연의에서 여포도 자기 힘을 믿다 결국 조조의 손에 몰락하고, 조조는 후한 말 시시각각 변하는 난세에 잘 적응하여 결국 삼국 중 가장 강한 위나라를 세우게 되었다. 요새 기업의 경우도 환경이 인간사와 다를 바 없이 막강한 자본력, 기술력을 가진 기업이 오래가진 않는다. 한때 핸드폰 시장을 휩쓸었던 모토로라와 노키아가 스마트폰 출시 이후 삼성전자와 애플에게 주도권을 내주고, 필름으로 한 시대를 풍미했던 코닥의 몰락이 이를 말해주고 있다. 오히려 후발 주자였던 기업들이 시대적 변화에 잘 맞추어 트렌드에 부응하는 기업만이 살아남았다.

사실 나도 학교 다닐 때 공부를 좀 했다. 주변의 기대에 부응하고 강해지기 위해 좋은 학교에 가려고 많이 노력했다. 공부를 못 하는 친구들을 무시하기도 했다. 그러나 시간이 지나고 보니 내가 참 어리석었구나 하고 생각하게 된다. 학창시절 그저 공부 잘하고 모범생이란 이유로 그 타이틀이 사회에 나와서까지 유지될 거라 착각하고 살았다. 사실 30대 초반까진 그래도 남들보다 돈도 많이 벌고 직장도 좋았다. 그게 영원할 거로 생각하면서 아무 노력도 하지 않고, 그저 시키는 일만 하면서 시간을 보냈다. 그 후 여러 번 언급했듯이 35살에 잘 다니던 직장에서 퇴사하고 나서는 이후 계약직이나 작은 회사에서 근무하게 되었다. 상황이 바뀌니 자꾸 작아지고 도태된 느낌이 들었다. 시작은 미약했지만 한 곳에서 어떻게든 버티어서 인정을 받아 지금은 남부럽지 않은 자리에 오른 친구와 비교되는 순간이었다.

이 순간 느낀 점이 강한 자가 살아남는 게 아니라 끝까지 적응하고 버티는 자가 살아남는 것이 인생의 승리자란 사실을 깨닫게 된 것이다. 화장품 업계에서 일 잘한다고 소문난 상사에게 무시를 당하고 사표를 낸 후 엄청난 노력으로 결국 그 상사보다 더 잘나가게 된 친구가 있다. 또 처음에 인턴사원으로 들어가 온갖 잡무와 심부름을 했지만, 일 하나 배우겠다는 일념으로 꿋꿋이 5년을 버티어 결국 그 직장의 팀장까지 초고속으로 진급한 친구도 있다. 이처럼 끝까지 버티는 자가 강하다는 걸 알고 내 주위에도 오늘도 버티면서 살아남는 사람들이 많다.

런던대학교 게리 하멜 교수는 21세기 접어들면서 문명과 통신의 발달로 이젠 세상의 변화가 예전과는 비교할 수 없을 정도로 빨라지고 있다고 했다. 이러한 변화에 빨리 적응하지 못하면 도태될 수밖에 없다고 그는 이야기한다. 평균수명이 길어지면서 직업도 평생을 한 개로 갈 수 없으므로 살면서 새로운 것을 접하고 배우는 것에 익숙해져야 한다고 역설하고 있다.

우리나라 사람들은 똑똑하지만 어려서 질문 없이 오로지 외우는 주입식 교육에 익숙하여 어떠한 환경변화에 적응하는 것이 어렵다고 한다. 새로운 것에 두려움으로 함부로 도전하지 못하고 안주하게 된다. 하루가 다르게 변하는 세상에 스스로 개척할 수 있는 능력을 키워야 하는데 현실처럼 쉽지가 않다는 것이다. 앞으로는 빨리 변하는 세상에 대해 유연하게 대처하고 새로운 환경에 빨리 적응하여 어떻게든 살아남아야 하는 것이 과제가 된듯하다.

우리나라의 자살률은 2013년 기준인구 10만 명당 28.5명으로 OECD 국가 중 최상위권이다. 자살률이 높은 건 현재 경제위기로 인해 전 세대가 앞으로 어떻게 살아야 할지 미래에 대한 불확실성과 불안감이 원인이라 한다. 특히 2535들은 바늘구멍 같은 취업시장과 거길 통과하더라도 치열한 생존경쟁, 비정규직으로 불안한 고용사정으로 엄청난 스트레스를 가지고 있다. 한번 미끄러지면 다시 회생하기는 힘들다는 분위기가 팽배하다. 취업에 실패하여 자살하고, 실직하여 자살하는 게 현실이다. 그래도 어떻게든 살고 버터야 한다는 것이 내 지론이다. 지금 취업이 안 되서 매일 도서관에 간다 해도 거기서 버티면서 끝까지 포기하지 말고 구직해라! 그렇게 포기하지 않고 노력하다 보면 일자리는 언젠가 나온다.

나도 1년이 넘는 시간을 그렇게 지원하고 탈락하고 반복하다 작은 회사에 취업했다. 취업이 되었는데 거기가 중소기업이라 해서 당장 그만두고 나오지 마라! 내 실력이 이만큼인데 왜 내가 이 회사에 다녀야 하는 거냐고 한다면 자기 혼자만 강한 걸 아는 바보이다. 규모가 작은 회사라도 그 안에서 버티고 적응하면서 자기 실력을 보여줘야 그게 강한 것이다. 물론 처음부터 대기업이나 좋은 직장에 들어가서 힘들어도 버티고 잘 정착하면 가장 좋을 것이다. 그러나 대다수가 그 혜택을 누리지 못하는 현실에서 어떻게든 무엇을 하든지 악착같이 버티면서 기회를 계속 만들어야 한다.

세상은 앞으로 더 빨리 변할 것이다. 2535들이여! 아무것도 하지 않고 허둥지둥 생각 없이 지내다 보면 결국 도태되는 건 시간문제다. 인생의 변화를 위한 그 모멘텀을 찾았다면 지금 당장에라도 실행하자. 변화되는 상황이나 환경에 빨리 적응하여 당당하게 맞서자. 지금 자기가 강하다고 강한 것이 아니라, 인생이란 긴 마라톤에서 끝까지 버티는 자가 결국 가장 강하고 승리할 수 있다는 사실을 기억했으면 한다.

Chapter 6

모멘텀을 찾아 멋진 인생을 이끌어가는 사람들

/
\
/
\

꿈은 쓰레기통에서도 자란다 _카디자 윌리엄스
그럼에도 불구하고 인생은 멋지다! _릭 앨런
살아있는 한 희망은 있다! _마르틴 그레이
내 장애는 인생의 축복이었다 _강영우 박사
무조건 부딪혀라! _광고천재 이제석
인생을 서빙하는 청년! _인생 서버 이효찬

\

\

지금 힘든 상황을 겪고 있을 수도 있고,
또 그런 경험을 하고 있는 모든 2535들이여!
살아 있는 한 희망이 있다는 심정을 가지고, 하루하루 열심히 살다 보면
다시 기적이 일어날 수 있다.
끝까지 버티어내는 인생이 찬란한 미래도 가볼 기회가 될 것이다.

6-1

/

꿈은 쓰레기통에서도 자란다
-카디자 윌리엄스-

/

"나는 사람들이 '노숙자니까 뭐'라고 말하는 것이 너무나 싫었다. 그것을 내 인생의 변명거리로 만들고 싶지 않았다."

노숙자 신분에서 하버드에 입학하여 화제가 된 카디자 윌리엄스가 입학 시 했던 연설내용 중 일부다. 현재는 노숙자의 신분이었지만 앞으로 운명을 바꾸겠다는 인생의 모멘텀을 스스로 찾은 후에 그녀에겐 변명거리조차 되지 않았다. 그녀는 아버지가 누군지 모르는 열네 살의 미혼모의 사생아로 뉴욕의 한 거리에서 태어났다. 태어나는 것은 누구도 선택할 수 없으나, 그녀는 태어날 때부터 일반적인 가정과는 거리가 있었다. 엄마도 어린 나이였기 때문에 먹을 것을 찾아 여기저기 헤매는 게 일상이었다. 미성년자의 나이로 교육도 제대로 받지 못한 상태에서 일을 구하기도 쉽지 않았다. 뉴욕에서는 더는 생활이 나아지지 않을 거 같아 카디자와 그녀의 어머니는 로스앤젤레스로 이주하였다. 모녀는 노숙자들이 모여 있는 컨테이너 가설 건축물이나 쉼터에 머물렀다. 주변의 노숙자들은 어린 모녀를 위협을 가하는 경우가 있어서 거처를 여기저기 옮겨 다닐 수밖에 없었다.

"나는 중학교도 제대로 나오지 못했지만, 우리 딸은 꼭 고등학교까지 마치게 할 거야."

그녀의 어머니는 어려운 생활 속에서도 카디자를 자기와는 다르게 살게 하려고 온갖 노력을 하였다. 카디자는 이런 어머니의 노력, 정성에 보답하고 자기도 이 인생의 틀을 바꾸기 위해서 결심을 하게 된다.

"내가 현재 노숙자가 된 것이 부끄러운 게 아니라, 나 자신에게 부끄럽지 않아야 해. 친구들의 놀림 따위는 상관없어. 중요한 것은 나 자신의 마음가짐이야. 나 자신을 위해서라도 난 대학에 꼭 가고 말겠어. 반드시!"

그 뒤로 카디자는 매일 새벽 4시에 일어나 노숙자가 아닌 것처럼 샤워하고 깨끗한 옷으로 갈아입고 등교했다. 수업도 누구보다 적극적으로 듣고 공부도 열심히 했다. 학교에서 공부를 마치고 집으로 돌아오면 밤 11시가 되었다. 피곤한 일상이었지만, 인생을 변화시키려는 모멘텀과 열정이 강했기에 견딜 수 있었다고 한다. 잠은 오고 가는 버스에서 보충했다. 주변의 노숙자나 거리 포주들은 이런 카디자를 비웃었다.

"노숙자 주제에 무슨 학교에 다녀? 넌 어리니 여기서 일하게 되면 인기도 많고 돈도 많이 벌 수 있어. 네까짓 게 대학을 갈 수나 있겠니?"

"학교 가면 냄새난다고 사람들이 싫어하지 않니? 무슨 공부를 네가 한다고. 하하하"

이런 조롱에도 카디자는 자신에 대한 확신이 강했다. 누가 무슨 말을 하더라도 꼭 꿈을 이루겠다고 그런 사람들에게 대답했다.

"아저씨, 아주머니! 전 여기 있는 누구보다 똑똑해요. 아무리 절 더럽고 냄새나는 노숙자라고 놀려도 반드시 제 꿈을 이룰 거에요. 가난은 결코 변명이 되지 않아요. 저는 꼭 여기를 벗어날 거에요!"

생활은 여전히 힘들었지만 꿈을 위해 믿어주는 어머니의 후원을 받으며 더욱더 공부에 매진했다. 한 달에 4~5권 책도 읽고, 꿈을 키워나갔다. 그러나 혼자 힘으로 더 깊이 있는 공부를 하기에는 모녀의 생활이 너무나 어려웠다. 카디자는 17살이 되던 고등학교 1학년 때 각종 사회단체에 공부하고 싶으나 생활이 너무 힘들어 후원을 받고 싶다는 편지를 쓰게 되었다. 단체들의 반응이 있을 때까지 매일 편지를 쓰고 부쳤다. 성적이 우수하지만, 생활이 어려운 처지를 잘 알고 있던 그녀의 담임 선생님도 같이 도와주었다. 어느 날 선생님께서 카디자에게 한 봉사단체를 소개하고 여기에 가면 대학에 갈 방법을 알려준다고 알려주셨다. 카디자는 이 단체의 상담자들에게 조언과 여러 가르침을 받았다. 대학에 갈 방법도 체계적으로 알게 되었다.

여기서 배운 데로 열심히 공부하고 봉사활동도 하면서 여러 대학교에 자신의 처지와 진심이 담긴 편지를 보냈다. 각 대학의 입학사정관이 카디자의 진심 어린 편지를 보고 너도나도 합격통지서를 보냈다. 기적이 일어난 것이다. 자신의 인생을 변화시키기 위해 대학에 가고 싶은 꿈도 이뤘다. 더욱이 한 개의 대학이 아니라 거꾸로 선택하여 갈 기회까지 생긴 것이다. 카디자는 하버드 대학을 선택했다. 그러나 엄청난 학비가 부담되어 고민하게 되었다. 그러나 이 고민도 말끔히 해결되었다. 그녀의 열정에 감복한 하버드 입학사정관은 "우리가 이 학생을 뽑지 않으면 제2의 미셸 오바마를 잃는 것입니다. 두 번 다시 하버드가 이런 실수를 하지 않기를 바랍니다. 우리는 당신에게 4년간 전액 장학금을 지급할 테니 카디자 윌리엄스 양, 꼭 꿈을 이루시길 바랍니다." 이렇게 밝혔다. 그녀의 인생을 바꾸려는 도전, 열정이 있었기에 이런 기적이 일어났다고 본다. 쓰레기 같은 환경에서도 자기 인생 변화를 위한 모멘텀을 제대로 찾았기에 확신하고 나아갈 수 있던 것이다. 현재 그녀는 하버드라는 새로운 집에서 꿈을 이루기 위해 더욱더 매진하고 있다.

이런 환경에서도 꿈을 이루어낸 사람도 있는데, 이에 비하면 2535들은 정말 편한 환경에 있지 않은가? 꿈은 쓰레기통에서도 자란다. 꿈이 있다면 조금 힘든 환경이더라도 할 수 있는 열정, 도전의식을 가져보자. 카디자 윌리엄스도 했으면 당신도 할 수 있다.

6-2

/

그럼에도 불구하고 인생은 멋지다!
-릭 앨런-

/

"어려움을 겪어보지 않은 사람은 인간이 얼마나 강한 존재인지 알기 힘들 겁니다."

영국의 록 밴드인 데프레파드 드러머인 릭 앨런의 말이다.

그는 어린 나이에 무명 밴드였던 '데프레파드'에서 드럼을 치기 시작했다. 영국산 록 그룹인 비틀즈가 1970년대 대히트 이후 잠시 소강상태였던 영국의 록 그룹에 앞으로 일대 변혁을 가져올 데프레파드의 시작이었다. 1980년 당시 하드락 붐을 타고 많은 영국 메탈/록 밴드들이 미국에 진출했다. 데프레파드도 이 시기에 미국에 진출하여 다른 록그룹과 달리 미국적 팝요소, 듣기 편한 멜로디로 차별화를 두었다. 결국 1983년 앨범 'pyromania'가 대히트를 하면서 인기 록 밴드 반열에 오르게 되었다. 이 시기에 마이클 잭슨의 인기에 버금갈 정도였다고 한다. 내는 싱글마다 빌보드 차트 상위권에 오르고 하는 공연마다 매진될 정도로 인기를 누리게 되었다.

그렇게 승승장구하다가 1984년 12월 31일 릭 앨런은 차량이 전복되는 교통사고를 당하게 된다. 이 사고로 그는 왼쪽 팔이 절단되었다. 드러머로서 팔이 있어야 하는데, 앞으로는 팔 없는 장애인으로 살아야 했다. 호사다마라고 했던가, 데프레파드 멤버들도 충격에 빠지게 되었고, 앞으로 록 밴드 활동에도 비상이 걸리게 되었다. 긴 고민 끝에 데프레파드는 "멤버 교체는 없고, 밴드는 잠정적으로 활동을 중단한다."는 성명을 발표한다.

사고 이후 릭 앨런은 1년 넘게 병상에 누워 치료를 받고 퇴원하게 된다. 퇴원 후 그는 바로 드러머로서 재기를 위해 연습을 시작하게 되었다. 그러나 한 손으로 드럼을 연주한다는 것은 쉬운 일이 아니었다. 곡 연습을 하다가 중간에 드럼 소리가 중단되는 경우가 많다 보니 멤버들도 그런 릭을 보는 게 쉽지는 않았다. 릭 자신도, 멤버들도 다시는 재기할 수 없을 거라고 믿었다. 그 후 릭 앨런은 절망에 빠지고, 연습도 하지 않은 채 방 안에만 지냈다. 다른 멤버들은 이런 릭에게 용기와 희망을 주기 위해 계속해서 노력했다.

"릭! 너에게는 아직 다른 쪽 팔이 있잖아. 팔 하나 없다고 세상이 무너지지 않잖아."

그러나 릭은 쉽게 마음을 열지 못하고, 자꾸 장애인이 된 자신을 자책하기만 했다.

"아니. 이제 나는 가망이 없어. 너희도 봤잖아. 자꾸 나 때문에 흐름이 끊겨. 다른 드러머를 구해!"

"너 그 말 진심이야? 아니잖아. 릭, 넌 드럼 없이 못 살잖아. 네가 다시 마음만 먹으면 무슨 방법이든 있을 테니 찾아보자."

릭은 멤버들의 간절한 설득 끝에 다시 힘을 내어 연습했다. 멤버들은 이런 릭의 재기를 돕기 위해 릭을 위한 특수 드럼을 제작을 유명한 악기회사에 부탁한다. 한쪽 팔이 없어도 칠 수 있는 드럼을 연구한 끝에 발로 페달을 밟아 연주하는 드럼을 만들게 되었다. 멤버들이 이 드럼을 릭에게 선물하자, 릭은 너무나 감동하여 멤버들과 껴안고 하염없이 울었다고 한다. 이 드럼을 가지고 하루 8시간씩 연습을 거듭한 끝에, 자기만의 특별한 드럼 연주법을 만들게 되었다.

4년 동안 공백기를 마치고 1987년 앨범 'Hysteria'로 돌아온 데프 레파드!

첫 공연 때 엄청난 드럼 소리에 열광한 관객들은 그 드러머를 보고 한 번 더 놀라게 된다.

새로운 드러머인 줄 알았으나, 바로 릭 앨런이 드럼을 연주하고 있는 광경을 보고 관객들은 깜짝 놀라면서 열광했다.

"어떻게 한쪽 팔로 다시 드럼을 치다니, 릭이 돌아왔다!"

관객들은 릭 앨런의 이름을 외치기 시작했다. 멤버들과 릭 본인도 다시 돌아와서 연주할 수 있다는 사실에 너무나 감격했다.

절망에 빠졌던 릭 앨런을 일으키기 위해 멤버 교체 없이 기다려준 다른 멤버들이 릭이 다시 일어날 수 있는 인생의 모멘텀을 찾아주었다. 이렇게 주변 사람들이 다시 꿈을 찾게 하여 인생을 변하게 할 수 있는 사례는 많다. 25년이 지난 지금도 데프레파드는 그 멤버가 여전히 왕성하게 활동 중이다. 릭은 여전히 한쪽 팔로 그만의 드럼 연주법으로 사람들을 열광시키고 있다.

지금 어려운 환경에 처해 있는가? 혼자서 해결하기 힘들다면 주변에 정말 믿을 수 있는 지인, 친구들에게도 손을 내밀어 보자. 같이 고민을 공유하고 방법을 찾으면서 자기 스스로 변화를 위한 의지가 있다면 데프레파드 멤버들이 릭 앨런을 다시 일으켜 준 것처럼 당신도 할 수 있을 것이다.

6-3

살아있는 한 희망은 있다!
-마르틴 그레이-

　가족을 두 번이나 잃은 심정은 어떤 심정일까? 한 번도 아니고 두 번이나 그랬다면 살아남은 본인은 정말 살아도 사는 게 아니었을 것이다. 내가 만약 그런 상황이었다면 한 번만 그랬더라도 꽤 오랫동안 절망과 슬픔에 빠져 아무것도 하지 못했을 거 같다. 그렇지만 그 이런 경험을 진짜로 했던 마르틴 그레이. 그의 삶은 평생 목숨을 건 나날의 연속이었고 처절했지만 많은 사람에게 인생의 변화를 위해 어떻게든 살려고 노력했던 그의 모멘텀을 이야기해보고자 한다.

　폴란드 바르샤바에서 평범하게 살고 있던 마르틴은 1939년 제2차 세계대전이 발발하면서 그의 인생은 달라지기 시작했다. 독일 나치의 폴란드 침공 이후 독일군, 폴란드 군인과 경찰도 유대인을 학대하는 데 동참했다. 유대인 거주지역 게토안에서 생활하던 그는 주변 유대인들이 굶어 죽거나 일을 하다 고문에 못 이겨 죽는 일상을 매일 목격했다. 이때 마르틴은 이들을 구하기 위해서 자기 목숨을 걸고 음식을 구해왔다. 그러다 유대인 수용소에 가게 된 그는 주변의 수많은 유대인의 고문, 학살을 목격하게 된다. 그의 부모님, 남동생, 친척들도 모두 나치의 손에 희생되었다. 그도 수용소에서 수차례 죽음을 경험했으나 죽기 전 아버지가 "살아야 한다. 살아남아야 한다. 마르틴. 참고 견디면서 꼭 살아남아야 한다."의 간곡한 유언으로 어떻게든 버티면서 참아냈다. 마르틴 본인도 그 극한 상황에서도 수용소 탈출 기회를 계속해서 노렸다.

수용소에서 가장 참기 힘든 부분이 마르틴 본인이 '시체처리반'에 들어갔을 때라 하였다. 자기와 같은 민족의 옷을 벗겨 가스실에 들여보냈다. 목숨이 끊어지지 않은 유대인은 시체 속에서 같이 죽지 않게 미리 죽였다. 이런 일을 하면서 마르틴은 그래도 유대인이 이런 학대를 당하고 있다는 사실을 세상에 널리 알려야 한다는 소명이 있어서 어떻게든 살아남아야 하는 이유가 있었다.

자기 인생의 운명을 바꾸기 위한 처절한 노력과 열정이 있었기에 불가능한 상황에서도 기회를 놓지 않고 결국 탈출에 성공했다. 그 후 러시아군에 합류하여 1945년 결국 자기 가족의 원수인 독일군에게 조금이나마 복수할 수 있었다. 수용소에서 매일 매를 맞고, 동료가 가스실에서 죽어 나가는 현실 속에서 그는 매일 자기 암시를 통하여 희망을 품었다고 한다.

제2차 세계대전이 끝나고 마르틴 그레이는 미국 뉴욕으로 떠나게 되었다. 유일하게 남은 가족인 외할머니가 있다는 소식을 들은 것이다. 외할머니와 재회한 그는 보살핌 아래 또 다른 꿈을 꾸게 된다. 부자가 되어 남을 돕겠다는 목표가 생긴 것이다. 다시 밑바닥부터 마르틴은 독하게 일을 하여 숱한 고생 끝에 백만장자의 꿈을 이룬다. 어릴 때 나치를 피해 게토를 넘어 음식을 구하러 다니고, 그 음식을 팔아 가족들의 생계를 책임졌던 그 정신으로 모든 고생을 감수했다. 하지만 부자가 되고 나서도 예전의 악몽으로 공허하고 괴로운 마음을 떨쳐 낼 수 없었다. 이때 구원의 손길이 또 나타났으니 디나라는 여성과 교제하면서 그는 다시 편안한 일상을 맞이할 수 있었다. 디나와 결혼하고 프랑스의 작은 마을에서 4명의 아이까지 생기고 드디어 그가 평생 원했던 가족과의 행복한 일상을 지내게 되었다.

그러나 작은 마을 전체를 덮친 화재로 다시 한 번 그 자신을 제외하고 아내와 아이들을 잃게 되었다. 두 번씩이나 온 가족을 잃게 된 것이다. 또다시 그는 절망과 슬픔에 빠졌지만, 그래도 살아야겠다는 일념으로 다시 한 번 용기를 내었다. 이번에는 산불로 희생되는 사람이 없도록 재단을 설립하고 비영리단체 사회적 기업가로 활동하게 된다. 보통 사람들 같았으면 벌써 자살하거나 평생을 저주하면서 살았을지도 모른다. 마르틴 그레이는 아버지의 유언을 평생 기억하며 어떤 어려운 상황에서도 살아남아야 인생의 변화도 이끌어낼 수 있다는 사실을 알고 있었다. 다른 어떤 사람보다도 삶의 의지가 강했던 그는 자기 인생의 모멘텀을 우선 살아야 어떤 것도 할 수 있다고 이야기하고 있다. 정말 평범하지 않은 삶을 영위했던 그의 현실은 절망이었지만, 그 안에서 희망을 품고 다시 일어서는 모습을 보여주었다.

OECD 회원국 중 우리나라는 10년 넘게 자살률이 1위이다. 10~30대가 특히 자살률이 높다고 한다. 먹고 살기가 점점 어려워지고 부익부 빈익빈 현상은 심해지고 있다. 생활고에 시달리다가 돈이 없어 일가족이 같이 죽기도 한다. 참 안타까운 일이다. 아무리 힘들어도 마르틴 그레이처럼 삶의 끈을 놓지 않고 어떻게든 살아가는 게 중요할 것으로 보인다. 그의 일대기를 조명한 〈살아야 한다. 나는 살아야 한다〉에서 그는 삶은 살아야 하는 이유를 이렇게 이야기하고 있다.

"나는 행복함과 잔혹함, 삶과 죽음을 다 경험했다. 자신의 눈으로 살육자들과 인간들 사이에서는 어떤 일이든 벌어질 수 있다는 것을 알게 됐고 하나의 게토를 파괴하면 또 다른 게토가 생겨난다. 살아내고 끝까지 버티어내면 언젠가는 다시 새로운 생명이 태어나 나의 죽음과 내 가족의 죽음을 보상해 우리의 생명을 영원히 이어가게 되는 그런 날이 올 것이다. 인간이 살아가는 한 누군가가 남아서 내가 사랑한 사람들을 위해 그 이야기를 전하고 증인이 돼 줄 그런 날이 올 것이다."

지금 힘든 상황을 겪고 있을 수도 있고, 또 그런 경험을 하고 있는 모든 2535들이여! 살아 있는 한 희망이 있다는 심정을 가지고, 하루하루 열심히 살다 보면 다시 기적이 일어날 수 있다. 끝까지 버티어내는 인생이 찬란한 미래도 가볼 기회가 될 것이다.

6-4

내 장애는 인생의 축복이었다
-강영우 박사-

2011년 11월 말 췌장암 말기 판정을 받고 2~3개월 시한부 인생을 살게 된 강영우 박사는 담담하게 성탄절 편지를 쓰고 있었다. 생애 마지막이 될지 모르는 메일로 편지내용은 온갖 감사하다는 내용으로 꽉 차있다. 생의 마지막을 정리하는 차원에서 그동안 미안하고 감사했던 가족, 지인들에게 보내는 편지다.

"슬퍼하지 마라. 하느님이 나를 이렇게 오늘날까지 이렇게 잘 써 주신 것에 대해 감사하고, 이젠 하늘로 갈 준비를 해야 할 시간이다. 누구나 죽음은 한번 거쳐야 할 단계이고, 그것을 어떻게 받아들이고 직면하느냐에 따라 그 사람의 질을 결정한다고 생각합니다."

눈이 보이지 않는 시각장애인의 핸디캡을 극복하고 미국 백악관 국가장애위원회 정책 차관보를 지내신 강영우 박사의 마지막 모습이었다.

1944년 경기도 양평군 서종면 문호리에서 태어난 강 박사는 어려서부터 운동을 좋아했다. 특히 축구를 좋아했는데, 중학교 3학년 때 축구시합 중 친구가 찬 축구공에 맞아서 시력을 상실하고 말았다. 시력을 회복하기 위해 병원에서 외국 의사에게 수술도 받고 치료를 계속 받았다. 그러나 시력은 돌아오지 않았고, 평생 시각장애인으로 살아야 한다는 판정을 받게 되었다. 그 소식을 들은 강 박사의 모친은 8시간 만에 돌아가셨다. 아버지는 시력 상실 전에 일찍 돌아가시게 되어 졸지에 고아가 되었다. 큰 누나가 봉제공장에서 일하는 돈으로 생계를 유지하다가 과로로 쓰러져 돌아가셨다. 나쁜 일은 겹쳐서 온다고 강 박사는 이후 맹인 재활센터로 가게 되었다. 맹인이 할 수 있는 일은 안마사나 점쟁이 등 한정적인 일밖에 할 수 없었다. 강 박사는 어떻게든 자기 인생을 변화시켜야겠다는 굳은 결심을 하게 된다. 여기서 강 박사의 인생을 변화시킬 수 있는 모멘텀을 발견하게 된 것이다.

시각장애인의 편견을 깨기 위해서 대학을 가기로 한 강 박사는

1970년대 초 당시는 점자책이 지금처럼 활성화되지 않아서 공부하는 데 애를 먹었다. 그러나 지금의 아내인 석은옥 여사의 자원봉사 도움으로 열심히 공부하게 되었다. 석 여사는 강 박사의 눈을 대신하여 책을 읽어주고 강 박사는 그걸 듣고 필사하는 방식이었다. 그렇게 열심히 공부한 끝에 연세대학교에 입학하게 된다. 당시만 해도 시각장애인들을 받아주는 대학교가 없었다. 몇 번 거절을 당했지만 포기하지 않고 두드린 결과 그의 열정에 감복하여 입학하게 되었다. 강 박사는 일반 대학생들과 경쟁에 지지 않기 위해서 더 열심히 공부하기 시작했다. 일반 학생은 신경 쓰지 않고 모든 과목에서 모두 A 학점을 받겠다는 목표를 세우고 거기에만 매진했다. 목표 달성 후 1972년에 당시 문교부가 시행했던 유학시험에 응시하여 장애인 최초로 합격하였다. 연세대를 졸업 후 유학생 신분으로 미국으로 떠나게 되었다.

미국 피츠버그 대학에서 대학원 공부를 하면서 유학생활을 시작했다. 그 시점에 그의 인생에 전환점이 돼준 석은옥 여사와 결혼을 하였다. 학교 통학은 석은옥 여사의 도움을 받았으나 석 여사가 아이를 가지게 되어 그 시점부턴 강 박사가 혼자서 지팡이를 들고 다니기 시작했다. 강 박사는 이때가 자신이 혼자서 무엇을 할 수 있다는 사실에 무척 감사하고 축복이었다고 나중에 밝히고 있다. 대학원에서도 미국인 친구들의 도움을 받으면서 열심히 공부했다. 이때 만난 미국인 중 한 명이 리처드 손버그 전 법무장관이었다. 그는 직접 영어 점자책을 강 박사에게 읽어주면서 노트도 빌려주면서 물심양면으로 그를 도와주었다. 그 덕분인지 강 박사는 동기 중 졸업 시 박사학위를 제일 먼저 받는 쾌거를 이루었다.

강영우 박사는 힘들고 일반인보다 2~3배의 노력을 기울여야 하지만 이렇게 성취를 할 수 있었던 것은 다 신앙의 힘이라고 말하고 있다. 그는 독실한 기독교인으로 자신이 시력을 잃고 절망하고 있을 때 이것을 극복할 수 있었던 것이 하나님의 사랑 덕분이라고 했다. 신앙생활을 열심히 하면서 자기도 이 세상에 온 것은 하나님이 다 쓸모가 있어서 보내주신 것으로 무엇이든 충실하게 해야 한다는 마음을 가지고 있었다. 이후 강연, 봉사 활동 등을 활발히 하면서 교회에 헌신하다 아버지 부시 대통령과도 인연을 맺게 되었다.

강영우 박사는 강연을 마친 뒤 자신의 저서를 부시에게 선물했다. 이 책을 읽고 감동 받은 부시 대통령은 강 박사를 국가장애위원회 정책차관보로 임명하였다. 강 박사는 크게 기뻐하며 8년 동안 맡은 소임에 충실했다. 이후 세상을 감동하게 한 루스벨트 재단 선정 인물에도 뽑히고, 장애인들을 위한 기부 및 봉사활동을 꾸준히 전개해 나갔다. 2011년 췌장암 말기 판정을 받고 이를 담담히 받아들인 강 박사는 자신의 재산을 장애인들을 위해 얼마 기부하였다. 자기와 같은 장애인들이 장애를 극복하고 목표를 이룰 수 있도록 도전의 힘을 얻길 바라는 마음에서 기부한 것이다. 별세하기 전 강영우 박사는 자신의 삶을 정리하면서 자신이 지금까지 올 수 있었던 원동력을 이렇게 밝혔다.

"내가 눈을 잃은 것은 자신의 삶을 바꾸어 비전을 품게 했고, 믿음으로 하나 된 가족은 구성원들의 마음에 자리 잡은 심지를 붙잡고, 성실한 삶을 살게 한 축복의 시간으로 보낸 열매를 거두게 한 과정이었다."

장애를 가지고도 그것을 극복하기 위해 자신만의 모멘텀을 찾아 열정적으로 살았던 강영우 박사처럼 지금 건강한 몸을 가지고도 마음의 장애를 안고 있는 2535들에게 시사하는 바가 크다. 부디 인생의 변화를 꿈꾸는 2535들은 자신만의 모멘텀을 찾아서 자신이 원하는 인생을 살 수 있도록 노력하자!

6-5

/

무조건 부딪혀라!
-광고천재 이제석-

/

몇 해 전 KBS에서 〈광고천재 이태백〉이란 제목으로 드라마를 한 적이 있다. 요새 〈연평해전〉 영화의 진구가 주인공 이태백 역할로 나왔다. 시청률은 그다지 나오지 않았으나, 드라마를 즐겨보는 나로선 꽤 재밌게 보았던 걸로 기억한다. 드라마가 끝나고 나서야 안 사실이지만 실제 모델을 드라마로 옮겼다고 뉴스를 보게 되었다. 어떤 사람이길래 드라마까지 나올 정도로 유명한지 알고 싶어 여기저기 찾아보았다. 광고천재 이제석이란 사람이었는데, 그의 일대기를 더 알아보니 근성이 대단한 것처럼 느껴졌다.

"생각을 뒤집으면 세상이 뒤집어진다!" 현재는 자기 이름으로 된 이제석 광고연구소를 만들어 소장으로 재직 중인 그가 제일 즐기고 힘들 때마다 힘이 되었던 문구이다. 1982년 대구광역시 출신인 이제석 소장은 어릴 때부터 그림 그리기, 특히 만화 그리는 것을 좋아했다. 수업시간에도 교과서에 낙서하다 걸려 선생님께 많이 혼났다고 한다. 특히 싫어하는 선생님 또는 자기가 다니는 학교를 비하하는 내용이 많아서 문제아로 찍혔다. 그러나 반대로 생각하면 학우들에게는 영웅 취급을 받았으니 평범한 사람은 아닌듯하다. 자기 소질을 일찍부터 알게 된 이 소장은 대학도 미술대학을 목표로 하여 대구 계명대학교에 들어가게 되었다. 4년 내내 미술강사를 하면서도 수석을 놓지 않을 정도로 학업성적이 우수했지만, 졸업 후 그를 받아주는 회사는 없었다. 학벌, 지연 위주의 한국사회에서 낳은 폐해였다.

이제석 소장은 좌절하지 않고 사는 동네에서 간판 디자인 일을 직접 시작하기로 했다. 대학 시절부터 아르바이트로 경험했던 일이다 보니 자기가 잘할 수 있는 일이라 생각한 이유에서였다. 여기저기 가게 간판 디자인을 해주면서 경력을 쌓아가던 어느 날 식당 간판 디자인을 바꾸기 위해 식당 사장과 협상 중에 동네 명함집 아저씨가 끼어들어 더 싸게 해줄 수 있으니 자기한테 달라고 하는 것이었다. 이 소장은 이 말에 그래도 명색이 디자인 전공자인데 명함집 아저씨한테까지 무시를 당하는 것 같아서 기분이 좋지 않았다. 여기가 이제석 소장은 자기 인생을 바꾸어야겠다는 모멘텀을 찾았다. 더 넓은 세상으로 가서 더 배워 최고가 되자고 결심했다. 광고하는 사람들이 많이 모이는 곳을 찾아보니 미국 뉴욕이었다.

"뉴욕으로 가자. 가서 최고가 되어 돌아오자!"

미군 부대에서 공짜 미술 강의를 해주고 미군에게 영어를 배우면서 유학준비를 시작했다. 딱 500달러와 짐 하나 들고 2006년 미국 유학 길에 올랐다. 광고 실무를 주로 배우는 아트스쿨에 편입하여 실력을 쌓기 위해 열심히 광고과제와 씨름했다. 생활고에 시달리기도 하여 하루에 핫도그 2개로 버티면서 노력했다. 아트스쿨 수업은 광고회사 실무자들이 강의를 맡아서 모의 광고 프로젝트로 진행하는 방식이었다. 수업 이후 과제가 너무 많아 밤을 새운 적도 많지만, 이 소장은 어떻게든 살아남기 위해 무조건 부딪히면서 최선을 다했다.

그 결과로 2007년 "굴뚝총"이란 광고 작품으로 〈원쇼 칼리지 페스티벌〉에서 금상을 받게 되었다. 오로지 자기 노력과 실력으로 세계가 자랑하는 권위 있는 광고 공모전에서 최고상을 타게 된 것이다. 지금껏 조금은 무시하는 투였던 학교 사람들도 그를 인정하기 시작했다. 이후 〈클리오 어워드〉에서 동상을, 〈애디 어워드〉에서 금상 등을 휩쓸면서 모든 세계 광고제에서 29개의 메달을 획득했다. 공모전 수상의 경력을 바탕으로 미국에서 알아주는 초대형 광고회사인 〈JWT〉

의 인턴십에 참가하고, 그 후 여러 유명한 'BBDO', 'FCB' 등의 회사를 거치면서 우리나라 광고계에도 널리 알려지게 된다. 처음 대학 졸업 후 자기를 무시하고 뽑아주지 않았던 우리나라 대형 광고회사에서도 러브콜이 오는 등 자기 실력과 노력으로 인생역전의 드라마를 썼다. 자기 인생에 승부수를 던지는 과감한 도전정신이 "광고천재"라는 타이틀까지 자의 반 타의 반으로 얻게 되었다. 한국에 돌아와서 모든 러브콜을 거절하고 공익광고를 직접 만들기 위해 아예 회사를 차리고 이제석만의 광고를 2009년부터 지금까지 제작해오고 있다.

항상 그랬지만 최근 2535들은 최악의 취업난에 신음하고 있다. 학연, 지연을 따지는 한국사회에서 웬만한 스펙을 가지고도 취업이 안 되고, 극단적인 선택을 하는 2535들도 있다. 남들이 가는 똑같은 길을 따라가는 것도 중요하지만, 자기만의 인생을 찾아 다르게 갈 수도 있는데 대부분의 2535들은 걱정과 고민만 하고 행동을 하지 않다 보니 이런 결과가 나오게 된다. 다행히 이제석 소장처럼 국내 취업이 힘들면 과감하게 해외로 눈을 돌려 유학을 가거나 취업을 사례도 늘어가고 있다. 인생에 정답은 없으니 많은 사람들이 같은 길을 가는 것이 안전할 수도 있지만 가끔은 과감하게 다르게 생각하여 도전하는 것도 인생의 모멘텀을 찾을 수 있는 방법이다.

〈이제석 소장 광고 - 누군가에게는 계단이 에베레스트 산이다. 출처 : 이제석 광고연구소〉

위의 사진은 이제석 소장이 더운 여름날 땀흘리며 걷다 생각난 아이디어로 만든 광고라고 한다. 젊을 때는 아무렇지도 않게 올라가지만, 나이가 들어가면서 차분히 올라가게 되고, 더 늙으면 한 발 한 발 힘겹게 내딛는 계단이 인생과 닮아있는 광고라고 해석하고 싶다. 높은 곳으로 올라가기 위해 계단을 이용해야 하는 것처럼 자기 인생도 더 높은 곳, 나은 곳으로 나아가기 위해서 이 계단을 올라가기 위해 노력하고 도전해야 할 것이다. 그렇게 자기만의 노력과 실력, 열정으로 과감하게 도전하여 인생을 바꾼 이제석 소장처럼 2535들도 과감하게 도전하여 자신만의 모멘텀으로 성공적인 인생을 살아가는 것이 필요하다.

6-6

/

인생을 서빙하는 청년!
-인생 서버 이효찬-

/

얼마 전 도서출판을 기획하고 자료를 모으면서 〈세상을 바꾸는 시간 15분〉이란 강연 프로그램을 알게 되었다. 미국의 TED 형식 강연 프로그램을 본떠서 어느 분야에서 성공한 사람을 강사로 불러 그들의 이야기를 들어보는 프로그램이다. 여기서 우연히 이효찬 서버가 나와서 강연한 이야기를 듣게 되었다. 첫인상이 귀엽고 잘생긴 얼굴이 왠지 잘사는 집의 귀공자로 남부럽지 않게 자란 사람 같았다. 말도 굉장히 유머러스하게 잘하고 웃는 인상이 아주 매력적인 청년이었다. 그러나 강의를 들으면서 내 예상은 보기 좋게 빗나갔다. 장애가 있는 부모 밑에서 자라 어릴 때부터 가난하고 안 해본 일이 없을 정도로 고생을 많이 했다고 한다. 하지만 역시 인생에 대한 자기만의 모멘텀을 찾고 나서 누구보다 멋진 인생을 열어나가는 과정을 듣게 되었다.

그는 고등학교 시절에 싸움을 잘하는 소위 일진이라 불렸지만, 여러 사람들의 시선에 많이 휘둘렸다고 했다. 겉멋만 잔뜩 들고, 허세만 가득한 학생으로 졸업 후엔 무작정 유행하던 온라인 전자상거래 사업을 시작하게 되었다. 할머니께 약 2천만 원 정도를 빌려 시작하였으나, 사업에 '사' 자도 모른 채 시작하다 보니 얼마 가지 못하고 망했다. 팔고자 하는 아이템도, 본인이 패션감각도 떨어지다 보니 소비자들에게 비웃음만 샀다고 한다. 사업을 접고 바로 군대에 입대하여 2년 동안 복무를 하고 다시 사회에 나오게 되었다. 이때는 세계적인 비보이가 되기 위해 식당에서 아르바이트를 시작했다. 이 돈으로 월드스타가 되기 위해서 세계여행을 꼭 해야 한다고 계획했는데, 생각처럼 일이 잘 안되었다. 가족들도 공부해서 평범하게 취업이나 하길 바라서 이번엔 서울대학교를 목표로 1년 동안 서울대학교 도서관에서 수학능력시험을 준비했다. 그러나 이번에도 시험결과는 정말 창피할 정도로 결과가 나와 공부는 적성이 아니라는 걸 다시 한 번 느꼈다고 한다. 다시 무엇을 할까 고민을 하던 중 새로운 인생을 개척하고자 호주로 워킹 홀리데이를 신청하여 떠났다. 거기서 1년이 안 되는 동안 여러 힘든 아르바이트를 하면서 인생을 바꿀 수 있는 자기만의 모멘텀을 찾았다.

'스타 서버'라고 불리는 그가 찾은 인생의 모멘텀은 한 블로그 인터뷰에서 다음과 같이 밝히고 있다.

"호주에서 힘든 일을 하면서 삶의 질이 떨어지지 않는 급여를 받았습니다. 힘든 일은 하다 보니 그만큼 대우를 해주지만, 우리나라에선 힘들지 않은 일을 하려면 공부해야 좋은 회사에 가야 한다는 시선이 많았습니다. 사회가 바뀌지 않는다면 내가 먼저 변해야겠다고 생각했죠. 지금 서 있는 이 공간을 바꾸기 위해서 말입니다. 원래 저는 꿈이 없었습니다. 단 삶의 목적이 있고 그 안에 계획은 있습니다. 좋은 대학 졸업하여 좋은 직장에 들어가는 것이 꿈이었다면 그것을 이루는 순간 허무할 것 같습니다. 그래서 저는 꿈을 이루는 게 아니고, 삶의 목표는 사람들에게 좋은 영향을 끼칠 수 있는 사람이 되는 것입니다. 특히 제가 가진 달란트가 사람 상대와 요식업으로 이쪽 분야에서 사람들에게 좋은 영향을 끼치고 싶습니다. 제가 인생에서 가장 중요하게 생각하는 것은 사람입니다. 철이 철을 날카롭게 하며 사람도 사람을 빛나게 할 수 있습니다. 저는 스스로 빛이 나는 사람이 되고 싶은데, 그러기 위해서는 제 인생과 같이 함께 나아갈 소중한 사람들이 필요하다고 생각 합니다."

한국에 다시 돌아온 그는 앞으로 자기 인생의 방향을 요식업으로 잡고 서울 시청역 근처 족발집에서 서빙을 시작했다. 다른 일반 서버들과 달리 자기만의 독특한 서빙 방식으로 근무했던 족발집의 매출을 몇 배로 올리기 시작했다. 누가 하기 싫은 일도 직접 도맡아 하면서 늘 "좋습니다!", "자신 있습니다!", "제가 하겠습니다!" 이 세 마디를 늘 입에 달고 살았다고 한다. 대부분 동료가 서빙이 한 참 바쁠 때 자리를 옮겨달라는 손님들이 있으면 인상을 쓰거나 안된다고 할 것이다. 그러나 이것도 이효석 서버는 좀 더 재밌게 손님을 대합니다. "좋습니다. 이사 가고 싶으면 가셔야죠! 제가 집들이 선물로 김치도 들고 갈게요! 같이 포장이사가요!"라는 한마디 하니 너무 반응이 좋았다. 손님도 웃으면서 자기가 먹은 컵, 반찬도 다 들고 웃으면서 자리를 옮겨간 것이다. 또 이모들의 생리주기도 파악한 후 그녀들의 기분 조절까지 맞추었다고 하니 정말 대단하다고 느꼈다. 바쁜 장사로 마감이 길어져서 퇴근도 늦어지게 되었지만, 그는 그 시간도 감사히 여기며 남은 소주병도 솔선수범하여 옮기고 마무리했다고 한다. 특히 "오늘 하루 고생한 자신에게 선물하세요. 비빔국수!", "오늘 밤 집에 가지 마시고 여자친구를 위해 비빔국수!" 등 그가 직접 개발한 멘트는 손님들에게 폭발적인 반응을 일으켰다. 또 밖에서 대기 중인 손님들을 지루하지 않기 위해 즉석에서 게임, 레크레이션도 직접 진행하였다고 한다.

그는 여기서 자기가 가장 잘하는 것이 사람들과의 교감, 공감하는 능력이란 것을 알게 되었다고 한다. 그가 쓴 〈세상을 서빙하다〉에서 "친구가, 가족이, 세상 사람들이 나의 삶을 이해하든 말든 중요한 것은 매일매일 생각하고 깨달으며 성장하는 것이다. 고진감래라는 고사성어를 난 믿는다. 내가 선택한 요리사와 서빙 가의 시간이 축적되어 맛있는 요리가 테이블에 오르고 손님이 값을 치르는 것처럼 인생 역시 여러 과정을 거치다 보면 좋은 결과물과 감동을 주는 결과가 올 것이다. 지금 아무리 힘들더라도 나는 후불로 다 돌려받을 때까지 버티며 살아나 갈 것이다. 고생 끝에 낙이 오고 뿌린 대로 거둔다면, 나는 그날까지 매일매일 나를 숙성시키겠다. 하루를 즐겁게 맛보겠다." 라고 지금까지 본인이 느낀 인생 이야기를 밝히고 있다. 보통 2535와는 다르게 역시 본인 스스로 부딪히고 좌충우돌하면서 자신만의 모멘텀을 찾아 성공적인 인생을 살아가고 있다. 2014년 현재 그는 〈스타 족발〉이란 자신만의 가게를 차려 이제 오너가 되었다. 이효찬식 서빙 브랜드로 근처 학생들에게 역시 맛집으로 인기가 있을 정도라고 한다.

여기서 중요한 점이 마음먹기에 따라 인생이 달라질 수 있다는 것이다. 이효찬 서버의 서빙 방식도 자기 마음가짐을 자기에게 집중하고 긍정적으로 동료나 손님들을 대하다 보니 좋은 결과를 가져오게 되었다는 점이다. 즉 어떤 일을 하든지, 어떤 상황에 부닥쳐 있는지 세상만사는 자기가 생각한 데로 마음먹기에 따라 이루어진다는 사실을 2535들도 명심했으면 한다. 성공한 사람들이 흔히 긍정적으로 생각하고 마음먹기에 따라 좋아진다는 말을 필자도 요샌 실감한다. 아무리 힘든 날이라도 좋은 쪽으로 일이 해결될 거야 하고 마음먹고 접근하면 정말 신기하게 일이 해결되곤 했다. 당장 지금이라도 이효찬 서버처럼 좋은 쪽으로 마음을 먹고 다가간다면 조금은 내 인생이 즐겁고 좋게 변하지 않을까?